Colección Poesía

© Editores Mexicanos Unidos, S.A. Luis González Obregón 5-B Col. Centro
Delegación Cuauhtémoc. C.P. 06020. Tels: 521-88-70 al 74

Miembro de la Cámara Nacional de la Industria Editorial, Reg. No. 115

Diseño de portada: Mabel Laclau Miró.

Ilustración: Fragmento. Paul Cézanne. Castaños en el Jas de Bouffan.
Fundación William Hood Dunwoody.

La presentación y composición tipográficas son propiedad de los editores

Prohibida la reproducción total o parcial sin permiso de los editores

ISBN 968-15-0358-9

1a. edición, septiembre de 1998.

Impreso en México
Printed in Mexico

Tres grandes de la poesía española contemporánea

Federico García Lorca
Antonio Machado
Juan Ramón Jimémez

editores mexicanos unidos, s.a.

F. GARCIA LORCA

FEDERICO GARCIA LORCA

La poesía española contemporánea tiene en Federico García Lorca, al mayor y más perfecto poeta de su lírica; el acierto y el sentimiento con que capta y expresa las características y las motivaciones de su pueblo, tan ligado espiritualmente al nuestro, lo convierten en poeta nacional y preferido de todos y cada uno de los países hispanoamericanos.

Lo breve de su vida y lo trágico de su muerte, se unen a la mágica belleza de su obra para rodear sn existencia de un halo de misterio y leyenda que lo equipara a los míticos semidioses de la antigüedad, a quienes la admiración popular inmortalizaba en narraciones nebulosas en cuanto a su origen y muerte.

La investigación moderna ha logrado fijar datos precisos en la vida de García Lorca; sin embargo, sus admiradores prefieren ignorar las fechas y atender únicamente a su obra artística y a las influencias que despertaron su genio creador.

Nació un día de 1898 en Fuente Vaqueros, población cercana a la moruna Granada, en el seno de una familia adinerada. Nada se sabe de su infancia ni de sus primeros estudios, realizados probablemente, en su pueblo natal y en Granada.

En la Universidad de Granada inició sus estudios de Filosofía y Letras, pero los terminó en la Universidad de Madrid, en la que obtuvo el título de Licenciado en dichas disciplinas.

Madrid, por los años 20, es La Meca de todos los maestros y precursores de las corrientes literarias hispanas contemporáneas: los modernistas de Juan Ramón Jiménez; los postnoventaochistas representados por los hermanos Machado; los Ultraístas de Rivas Paneda y Guillermo de Torres; los creacionistas de Vicente Aleixandre.

García Lorca, con su espíritu sensible e inclinado a todas las manifestaciones artísticas, decide residir en Madrid y frecuentar todos los círculos literarios de la ciudad. La residencia de Estudiantes, en la que se reunían casi todos los talentos jóvenes de la época, es su tertulia favorita, pero por su posición económica y por sus relaciones familiares, fue admitido en los círculos literarios de la Corte y en ellos es donde inicia su tarea literaria.

Los manifestantes del **Ultra**, lo invitan a colaborar en su revista, y él acepta, pero sin comulgar definitivamente con sus ideas. Su afición al teatro lo lleva a establecer firme amistad con Eduardo Marquina, autor teatral de éxito, quien lo relaciona, con Gregorio Martínez Sierra y con el gran maestro andaluz Juan Ramón Jiménez, poeta que influye decisivamente en la primera producción de García Lorca.

Las letras y la pintura, son las manifestaciones artísticas que cultiva Federico, quien entabla amistad con Salvador Dalí y aun exponen juntos en varias ocasiones.

Su primera incursión en el teatro, la hace como director de un grupo teatral universitario; colabora en varias revistas de poesía nueva; ocasionalmente es conferencista y en diversas ocasiones se preparó para obtener, por oposición, una cátedra en alguna Universidad, pero todo lo deja por dedicarse a su gran pasión: EL TEATRO.

El hispanismo de García Lorca es profundo, como profundo es también su amor por el teatro, pero a fin de afirmar sus amores y conseguir que, sin perder sus raíces, tengan una proyección más humanista y universal, viaja por Europa y América estudiando, comparando y escribiendo.

A su vuelta a Madrid, presenta con gran éxito sus obras teatrales, y el eco de los aplausos se extiende por el mundo, resonando con mayor intensidad en Latinoamérica, la que exige que Federico, al frente de su compañía, presente aquellas piezas teatrales. García Lorca hace entonces varios viajes a este continente, presentando "Yerma" y "Bodas de sangre", las dos obras que mayor fama dieron a su autor.

En 1936, al estallar la Guerra Civil que derrocó la República española, Federico García Lorca fue aprehendido, se le mantuvo incomunicado por varios días y, finalmente, fue cobardemente asesinado puesto que no hubo juicio previo a su ejecución.

La obra literaria de García Lorca se agrupa en cuatro categorías:

Prosa: **Impresiones, Narraciones, Conferencias, Impresiones y viajes.**

Teatro: **El maleficio de la mariposa — Los títeres de Cachiporra — María Pineda —La zapatera prodigiosa — Amor de Don Perlimplim con Belisa en el jardín —Así que pasen cinco años — Bodas de sangre — Yerma — Doña Rosita la soltera — y La casa de Bernarda Alba.**

Teatro breve: **El paseo de Buster Keaton — La doncella — El marinero y el estudiante —Quimera — y El público.**
Poesía: **Libro de poemas — Poema del Cante Jondo — Primeras canciones — Romancero gitano — Poeta en Nueva York —Llanto por Ignacio Sánchez Mejías — Seis poemas gallegos — Diván del Tamarit — Poemas sueltos.**

La obra de Federico García Lorca sólo puede ser entendida, en el aspecto crítico, bajo la consideración de las influencias que determinaron su estilo: por su formación universitaria, posee el conocimiento de los modelos clásicos y esto es determinante para la corrección y perfección de lenguaje y estilo; Juan Ramón Jiménez influye en las primeras poesías de Federico con el modernismo y con el ideal de encontrar la poesía pura; su constante contacto con todas las tendencias literarias, le proporciona material dúctil y asimilable a todas las necesidades expresivas, pues si el español es vehículo de todas ellas, también debe serlo del sentimiento profundo que escapa en presencia de un alma conmovida por diversos afectos, sin cuidarse de la métrica o de la rima, pero creando belleza en el conjunto.

El tricentenario de Góngora, despierta en todos los poetas españoles el anhelo de reencontrar el tradicional espíritu hispano; muchos lo intentaron, pero sólo Federico García Lorca logró identificarse plenamente con su pueblo. A partir de 1927, tricentenario de la muerte de Luis de Gógora y Argote, España encuentra al poeta que con sinceridad, pureza y amor, siente y vive los impulsos populares; y, como este poeta, además de su sensibilidad tiene ciencia, brinda al mundo poemas líricos que son espejos de un pueblo noble.

ROMANCE DE LA LUNA, LUNA

La luna vino a la fragua
con su polisón de nardos.
El niño la mira, mira.
El niño la está mirando.
En el aire conmovido
mueve la luna sus brazos
y enseña, lúbrica y pura,
sus senos de duro estaño.
—Huye luna, luna, luna.
Si vinieran los gitanos,
harían con tu corazón
collares y anillos blancos.
—Niño, déjame que baile.
Cuando vengan los gitanos,
te encontrarán sobre el yunque
con los ojillos cerrados.
—Huye luna, luna, luna,
que ya siento sus caballos.
—Niño, déjame, no pises
mi blancor almidonado.
El jinete se acercaba
tocando el tambor del llano.

Federico García Lorca

Dentro de la fragua el niño
tiene los ojos cerrados.

Por el olivar venían,
bronce y sueño, los gitanos.
Las cabezas levantadas
y los ojos entornados.

Cómo canta la zumaya,
¡ay, cómo canta en el árbol!
Por el cielo va la luna
con un niño de la mano.

Dentro de la fragua lloran,
dando gritos, los gitanos.
El aire la vela, vela.
El aire la está velando.

PRECIOSA Y EL AIRE

Su luna de pergamino
Preciosa tocando viene
por un anfibio sendero
de cristales y laureles.
El silencio sin estrellas,
huyendo del sonsonete,
cae donde el mar bate y canta
su noche llena de peces.
En los picos de la sierra
los carabineros duermen
guardando las blancas torres
donde viven los ingleses.
Y los gitanos del agua
levantan por distraerse
glorietas de caracoles
y ramas de pino verde.

o

Su luna de pergamino
Preciosa tocando viene.
Al verla se ha levantado
el viento que nunca duerme.
San Cristobalón desnudo,

Federico García Lorca

lleno de lenguas celestes,
mira a la niña tocando
una dulce gaita ausente.
—Niña, deja que levante
tu vestido para verte.
Abre en mis dedos antiguos
la rosa azul de tu vientre.

o

Preciosa tira el pandero
y corre sin detenerse.
El viento-hombrón la persigue
con una espada caliente.

Frunce su rumor el mar.
Los olivos palidecen.
Cantan las flautas de umbría
y el liso gong de la nieve.

¡Preciosa, corre, Preciosa,
que te coge el viento verde!
¡Preciosa, corre, Preciosa!
¡Míralo por dónde viene!
Sátiro de estrellas bajas
con sus lenguas relucientes.

Preciosa, llena de miedo,
entra en la casa que tiene,
más arriba de los pinos,
el cónsul de los ingleses.

Asustados por los gritos
tres carabineros vienen,
sus negras capas ceñidas
y los gorros en las sienes.

El inglés da a la gitana
un vaso de tibia leche,
y una copa de ginebra
que Preciosa no se bebe.

Y mientras cuenta, llorando,
su aventura a aquella gente,
en las tejas de pizarra
el viento, furioso, muerde.

Federico García Lorca.

REYERTA

En la mitad del barranco
las navajas de Albacete,
bellas de sangre contraria,
relucen como los peces.
Una dura luz de naipe
recorta en el agrio verde
caballos enfurecidos
y perfiles de jinetes.
En la copa de un olivo
lloran dos viejas mujeres.
El toro de la reyerta
se sube por las paredes.
Angeles negros traían
pañuelos y agua de nieve.
Angeles con grandes alas
de navajas de Albacete.
Juan Antonio el de Montilla
rueda muerto la pendiente,
su cuerpo lleno de lirios
y una granada en las sienes.
Ahora monta cruz de fuego,
carretera de la muerte.

El juez, con guardia civil,
por los olivares viene.
Sangre resbalada gime
muda canción de serpiente.
—Señores guardias civiles:
aquí pasó lo de siempre.
Han muerto cuatro romanos
y cinco cartagineses.

o

La tarde loca de higueras
y de rumores calientes
cae desmayada en los muslos
heridos de los jinetes.
Y ángeles negros volaban
por el aire de poniente.
Angeles de largas trenzas
y corazones de aceite.

Federico García Lorca

ROMANCE SONAMBULO

Verde que te quiero verde.
Verde viento. Verdes ramas.
El barco sobre el mar
y el caballo en la montaña.
Con la sombra en la cintura
ella sueña en su baranda,
verde carne, pelo verde,
con ojos de fría plata.
Verde que te quiero verde.
Bajo la luna gitana,
las cosas la están mirando
y ella no puede mirarlas.

o

Verde que te quiero verde.
Grandes estrellas de escarcha
vienen con el pez de sombra
que abre el camino del alba.
La higiene frota su viento
con la lija de sus ramas,
y el monte, gato garduño,
eriza sus pitas agrias.
Pero ¿quién vendrá? ¿Y por dónde...?

Ella sigue en su baranda,
verde carne, pelo verde,
soñando en la mar amarga.

—Compadre, quiero cambiar
mi caballo por su casa,
mi montura por su espejo,
mi cuchillo por su manta.
Compadre, vengo sangrando,
desde los puertos de Cabra.
—Si yo pudiera, mocito,
este trato se cerraba.
Pero yo ya no soy yo.
ni mi casa es ya mi casa.
—Compadre, quiero morir
decentemente en mi cama.
De acero, si puede ser,
con las sábanas de holanda.
¿No ves la herida que tengo
desde el pecho a la garganta
—Trescientas rosas morenas
lleva tu pechera blanca.
Tu sangre rezuma y huele
alrededor de tu faja.
Pero yo ya no soy yo,
ni mi casa es ya mi casa.

—Dejadme subir al menos
hasta las altas barandas;

Federico García Lorca

¡dejadme subir!, dejadme,
hasta las verdes barandas.
Barandales de la luna
por donde retumba el agua.

o

Ya suben los dos compadres
hacia las altas barandas.
Dejando un rastro de sangre.
Dejando un rastro de lágrimas.
Temblando en los tejados
farolillos de hojalata.
Mil panderos de cristal
herían la madrugada.

o

Verde que te quiero verde,
verde viento, verdes ramas.
Los dos compadres subieron.
El largo viento dejaba
en la boca un raro gusto
de hiel, de menta y de albahaca.
¡Compadre! ¿Dónde está, dime,
dónde está tu niña amarga?
¡Cuántas veces te esperó!
¡Cuántas veces te esperara,
cara fresca, negro pelo,
en esta verde baranda!

Sobre el rostro del aljibe
se mecía la gitana.
Verde carne, pelo verde,
con ojos de fría plata.
Un carámbano de luna
la sostiene sobre el agua.
La noche se puso íntima
como una pequeña plaza.
Guardias civiles borrachos
en la puerta golpeaban.
Verde que te quiero verde.
Verde viento. Verdes ramas.
El barco sobre el mar.
Y el caballo en la montaña.

Federico García Lorca

LA MONJA GITANA

Silencio de cal y mirto.
Malvas en las hierbas finas.
La monja borda alhelíes
sobre una tela pajiza.
Vuelan en la araña gris
siete pájaros del prisma.
La iglesia gruñe a lo lejos
como un oso panza arriba.
¡Qué bien borda! ¡Con qué gracia!
Sobre la tela pajiza
ella quisiera bordar
flores de su fantasía.
¡Qué girasol! ¡Qué magnolia
de lentejuelas y cintas!
¡Qué azafranes y qué lunas,
en el mantel de la misa!
Cinco toronjas se endulzan
en la cercana cocina.
Las cinco llagas de Cristo
cortadas en Almería.
Por los ojos de la monja
galopan dos caballistas.
Un rumor último y sordo

le despega la camisa,
y, al mirar nubes y montes
en las yertas lejanías,
se quiebra su corazón
de azúcar y yerbaluisa.
¡Oh, qué llanura empinada
con veinte soles arriba!
¡Qué ríos puestos de pie
vislumbra su fantasía!
Pero sigue con sus flores,
mientras que de pie, en la brisa,
la luz juega el ajedrez
alto de la celosía.

Federico García Lorca

LA CASADA INFIEL

Y que yo me la llevé al río
creyendo que era mozuela,
pero tenía marido.
Fue la noche de Santiago
y casi por compromiso.
Se apagaron los faroles
y se encendieron los grillos.
En las últimas esquinas
toqué sus pechos dormidos,
y se me abrieron de pronto
como ramos de jacintos.
El almidón de su enagua
me sonaba en el oído
como una pieza de seda
rasgada por diez cuchillos.
Sin luz de plata en sus copas
los árboles han crecido,
y un horizonte de perros
ladra muy lejos del río.

Pasadas las zarzamoras,
los juncos y los espinos,
bajo su mata de pelo
hice un hoyo sobre el limo.

Yo me quité la corbata.
Ella se quitó el vestido.
Yo el cinturón con revólver.
Ella sus cuatro corpiños.

Ni nardos ni caracolas
tienen el cutis tan fino,
ni los cristales con luna
relumbran con ese brillo.

Sus muslos se me escapaban
como peces sorprendidos,
la mitad llenos de lumbre,
la mitad llenos de frío.

Aquella noche corrí
el mejor de los caminos,
montado en potra de nácar
sin bridas y sin estribos.

No quiero decir, por hombre,
las cosas que ella me dijo
La luz del entendimiento
me hace ser muy comedido.

Sucia de besos y arena,
yo me la llevé del río.
Con el aire se batían
las espadas de los lirios.

  Me porté como quien soy.
Como un gitano legítimo.
Le regalé un costurero

grande, de raso pajizo,
y no quise enamorarme
porque teniendo marido
me dijo que era mozuela
cuando la llevaba al río.

ROMANCE DE LA PENA NEGRA

  Las piquetas de los gallos
cavan buscando la aurora,
cuando por el monte oscuro
baja Soledad Montoya.
Cobre amarillo, su carne
huele a caballo y a sombra.
Yunques ahumados sus pechos,
gimen canciones redondas.
—Soledad, ¿por quién preguntas
sin compañía y a estas horas?
—Pregunte por quien pregunte,
dime: ¿a ti quése te importa?
Vengo a buscar lo que busco,
mi alegría y mi persona.
—Soledad de mis pesares,
caballo que se desboca
al fin encuentra la mar
y se lo tragan las olas.
—No me recuerdes el mar
que la pena negra brota
en las tierras de aceituna
bajo el rumor de las hojas.
—¡Soledad, qué pena tienes!

Federico García Lorca

¡Qué pena tan lastimosa!
Lloras zumo de limón
agrio de espera y de boca.
—¡Qué pena tan grande! Corro
mi casa como una loca,
mis dos trenzas por el suelo,
de la cocina a la alcoba.
¡Qué pena! Me estoy poniendo
de azabache carne y roja.
¡Ay, mis camisas de hilo!
¡Ay, mis muslos de amapola!
—Soledad, lava tu cuerpo
con agua de las alondras,
y deja tu corazón
en paz, Soledad Montoya.

o

Por abajo canta el río:
volante de cielo y hojas.
Con flores de calabaza
la nueva luz se corona.
¡Oh pena de los gitanos!
Pena limpia y siempre sola.
¡Oh pena de cauce oculto
y madrugada remota!

SAN MIGUEL
(*Granada*)

Se ven desde las barandas,
por el monte, monte, monte,
mulos y sombras de mulos
cargados de girasoles.

Sus ojos en las umbrías
se empañan de inmensa noche.
En los recodos del aire
cruje la aurora salobre.

Un cielo de mulos blancos
cierra sus ojos de azogue
dando a la quieta penumbra
un final de corazones.

Y el agua se pone fría
para que nadie la toque.
Agua loca y descubierta
por el monte, monte, monte.

San Miguel, lleno de encajes
en la alcoba de su torre,
enseña sus bellos muslos
ceñidos por los faroles.

Federico García Lorca

Arcángel domesticado
en el gesto de las doce,
finge una cólera dulce
de plumas y ruiseñores.

San Miguel canta en los vidrios;
efebo de tres mil noches,
fragante de agua colonia
y lejano de las flores.

o

El mar baila por la playa
un poema de balcones.
Las orillas de la luna
pierden juncos, ganan voces.

Vienen manolas comiendo
semillas de girasoles,
los culos grandes y ocultos
como planetas de cobre.

Vienen altos caballeros
y damas de triste porte,
morenas por la nostalgia
de un ayer de ruiseñores

Y el obispo de Manila,
ciego de azafrán y pobre,
dice misa con dos filos
para mujeres y hombres.

San Miguel se estaba quieto
en la alcoba de su torre,
con las enaguas cuajadas
de espejitos y entredoses.

San Miguel, rey de los globos
y de los números nones,
en el primer berberisco
de gritos y miradores.

Federico García Lorca

SAN RAFAEL
(*Córdoba*)

I

Coches cerrados llegaban
a las orillas de juncos
donde las ondas alisan
romano torso desnudo.
Coches que el Guadalquivir
tiende en su cristal maduro,
entre láminas de flores
y resonancias de nublos.
Los niños tejen y cantan
el desengaño del mundo,
cerca de los viejos coches
perdidos en el nocturno.
Pero Córdoba no tiembla
bajo el misterio confuso,
pues si la sombra levanta
la arquitectura del humo
un pie de mármol afirma
su casto fulgor enjuto.
Pétalos de lata débil
recaman los grises puros

de la brisa, desplegada
sobre los arcos de triunfo.
Y mientras el puente sopla
diez rumores de Neptuno,
vendedores de tabaco
huyen por el roto muro.

II

Un solo pez en el agua
que a las dos Córdobas junta.
Blanda Córdoba de juncos.
Córdoba de arquitectura.
Niños de cara impasible
en la orilla se desnudan,
aprendices de Tobías
y Merlines de cintura,
para fastidiar al pez
en irónica pregunta
si quiere flores de vino
o saltos de media luna.
Pero el pez, que dora el agua
y los mármoles enluta,
les da lección y equilibrio
de solitaria columna.
El Arcángel aljamiado
de lentejuelas oscuras
en el mitin de las ondas
buscaba rumor y cuna.

Federico García Lorca

    Un solo pez en el agua,
Dos Córdobas de hermosura.
Córdoba quebrada en chorros.
Celeste Córdoba enjuta.

SAN GABRIEL
(*Sevilla*)

I

Un bello niño de junco,
anchos hombros, fino talle,
piel de nocturna manzana,
boca triste y ojos grandes,
nervio de plata caliente,
ronda la desierta calle.

Sus zapatos de charol
rompen las dalias del aire
con los dos ritmos que cantan
breves lutos celestiales.

En la ribera del mar
no hay palma que se le iguale,
ni emperador coronado,
ni lucero caminante.

Cuando la cabeza inclina
sobre su pecho de jaspe,
la noche busca llanuras
porque quiere arrodillarse.

Las guitarras suenan solas
para San Gabriel Arcángel,

domador de palomillas
y enemigo de los sauces.
—San Gabriel: El niño llora
en el vientre de su madre.
No olvides que los gitanos
te regalaron el traje.

II

  Anunciación de los Reyes,
bien lunada y mal vestida,
abre la puerta al lucero
que por la calle venía.
El Arcángel San Gabriel,
entre azucena y sonrisa,
bisnieto de la Giralda,
se acercaba de visita.
En su chaleco bordado
grillos ocultos palpitan.
Las estrellas de la noche
se volvieron campanillas.
—San Gabriel: Aquí me tienes
con tres clavos de alegría.
Tu fulgor abre jazmines
sobre mi cara encendida.
—Dios te salve, Anunciación.
Morena de maravilla.
Tendrás un niño más bello
que los tallos de la brisa.

—¡Ay, San Gabriel de mis ojos!
¡Gabrielillo de mi vida!
Para sentarte yo sueño
un sillón de clavellinas.
—Dios te salve, Anunciación,
bien lunada y mal vestida.
Tu niño tendrá en el pecho
un lunar y tres heridas.
—¡Ay, San Gabriel que reluces!
¡Gabrielillo de mi vida!
En el fondo de mis pechos
ya nace la leche tibia.
—Dios te salve, Anunciación.
Madre de cien dinastías.
Aridos lucen tus ojos,
paisajes de caballista.

O

El niño canta en el seno
de Anunciación sorprendida.
Tres balas de almendra verde
tiemblan en su vocesita.

Ya San Gabriel en el aire
por una escala subía.
Las estrellas de la noche
se volvieron siemprevivas.

PRENDIMIENTO DE ANTOÑITO EL CAMBORIO EN EL CAMINO DE SEVILLA

Antonio Torres Heredia,
hijo y nieto de Camborios,
con una vara de mimbre
va a Sevilla a ver los toros.
Moreno de verde luna
anda despacio y garboso.
Sus empavonados bucles
le brillan entre los ojos.
A la mitad del camino
cortó limones redondos,
y los fue tirando al agua
hasta que la puso de oro.

Y a la mitad del camino,
bajo las ramas de un olmo,
guardia civil caminera
lo llevó codo con codo.

o

El día se va despacio,
la tarde colgada a un hombro,
dando una larga torera

sobre el mar y los arroyos.
Las aceitunas aguardan
la noche de Capricornio,
y una corta brisa, ecuestre,
salta los montes de plomo.
Antonio Torres Heredia,
hijo y nieto de Camborios,
viene sin vara de mimbre
entre los cinco tricornios.

  —Antonio, ¿quién eres tú?
Si te llamaras Camborio,
hubieras hecho una fuente
de sangre con cinco chorros.
Ni tú eres hijo de nadie,
ni legítimo Camborio.
¡Se acabaron los gitanos
que iban por el monte solos!
Están los viejos cuchillos
tiritando bajo el polvo.

  A las nueve de la noche
lo llevan al calabozo,
mientras los guardias civiles
beben limonada todos.
Y a las nueve de la noche
le cierran el calabozo,
mientras el cielo reluce
como la grupa de un potro.

Federico García Lorca

MUERTE DE ANTOÑITO EL CAMBORIO

Voces de muerte sonaron
cerca del Guadalquivir.
Voces antiguas que cercan
voz de clavel varonil.
Les clavó las botas
mordiscos de jabalí.

En la lucha daba saltos
jabonados de delfín.
Bañó con sangre enemiga
su corbata carmesí,
pero eran cuatro puñales
y tuvo que sucumbir.

Cuando las estrellas clavan
rejones al agua gris,
cuando los erales sueñan
verónicas de alhelí,
voces de muerte sonaron
cerca del Guadalquivir.

—Antonio Torres Heredia.
Camborio de dura crin,

moreno de verde luna,
voz de clavel varonil:

¿Quién te ha quitado la vida
cerca del Guadalquivir?
—Mis cuatro primos Heredias
Hijos de Benameji.

Lo que en otros no envidiaban,
ya lo envidiaban en mí.

Zapatos color corinto,
medallones de marfil,
y este cutis amasado
con aceituna y jazmín.

—¡Ay, Antoñito el Camborio,
digno de una Emperatriz!
Acuérdate de la Virgen
porque te vas a morir.

—¡Ay, Federico García,
llama a la Guardia Civil!
Ya mi talle se ha quebrado
como caña de maíz.

Tres golpes de sangre tuvo
y se murió de perfil.
Viva moneda que nunca
se volverá a repetir.

Federico García Lorca

Un ángel marchoso pone
su cabeza en un cojín.

Otros de rubor cansado
encendieron un candil.

Y cuando los cuatro primos
llegan a Benamejí,
voces de muerte cesaron
cerca del Guadalquivir.

MUERTO DE AMOR

—¿Qué es aquello que reluce
por los altos corredores?
—Cierra la puerta, hijo mío;
acaban de dar las once.

—En mis ojos, sin querer,
relumbran cuatro faroles.
—Será que la gente aquella
estará fregando el cobre.

o

Ajo de agónica plata
la luna menguante pone
cabelleras amarillas
a las amarillas torres.

La noche llama temblando
al cristal de los balcones,
perseguida por los mil
perros que no la conocen,
y un olor de vino y ámbar
viene de los corredores.

Federico García Lorca

Brisas de caña mojada
y rumor de viejas voces
resonaban por el arco
roto de la medianoche.
Bueyes y rosas dormían.
Sólo por los corredores
las cuatro luces clamaban
con el furor de San Jorge.
Tristes mujeres del valle
bajaban su sangre de hombre,
tranquila de flor cortada
y amarga de muslo joven.
Viejas mujeres del río
lloraban al pie del monte
un minuto intransitable
de cabelleras y nombres.
Fachadas de cal ponían
cuadrada y blanca la noche.
Serafines y gitanos
tocaban acordeones.
—Madre, cuando yo me muera,
que se enteren los señores.
Pon telegramas azules
que vayan del Sur al Norte.

Siete gritos, siete sangres,
siete adormideras dobles
quebraron opacas lunas
en los oscuros salones.

Lleno de manos cortadas
y coronitas de flores,
el mar de los juramentos
resonaba no sé dónde.
Y el cielo daba portazos
al brusco rumor del bosque,
mientras clamaban las luces
en los altos corredores.

Federico García Lorca

ROMANCE DEL EMPLAZADO

¡Mi soledad sin descanso!
Ojos chicos de mi cuerpo
y grandes de mi caballo
no se cierran por la noche
ni miran al otro lado,
donde se aleja tranquilo
un sueño de trece barcos.
Sino que, limpios y duros
escuderos desvelados,
mis ojos miran un norte
de metales y peñascos,
donde mi cuerpo sin venas
consulta naipes helados.

o

Los densos bueyes del agua
que se bañan en las lunas
embisten a los muchachos
de sus cuernos ondulados.
Y los martillos cantaban
sobre los yunques sonámbulos
el insomnio del jinete
y el insomnio del caballo.

El veinticinco de junio
le dijeron a el Amargo:
—Ya puedes cortar, si gustas,
las adelfas de tu patio.
Pinta una cruz en la puerta
y pon tu nombre debajo,
porque cicutas y ortigas
nacerán en tu costado,
y agujas de cal mojada
te morderán los zapatos.
Será de noche, en lo oscuro,
por los montes imantados,
donde los bueyes del agua
beben los juncos soñando.
Pide luces y campanas.
Aprende a cruzar las manos
y gusta los aires fríos
de metales y peñascos.
Porque dentro de dos meses
yacerás amortajado.

Espadón de nebulosa
mueve en el aire Santiago.
Grave silencio, de espalda,
manaba el cielo combado.

o

El veinticinco de junio
abrió sus ojos Amargo,

Federico García Lorca

y el veinticinco de agosto
se tendió para cerrarlos.
Hombres bajaban la calle
para ver al emplazado,
que fijaba sobre el muro
su soledad con descanso.
Y la sábana impecable,
de duro acento romano,
daba equilibrio a la muerte
con las rectas de sus paños.

ROMANCE DE LA GUARDIA CIVIL ESPAÑOLA

Los caballos negros son.
Las herraduras son negras.
Sobre las capas relucen
manchas de tinta y de cera.
Tienen, por eso no lloran,
de plomo las calaveras.
Con el alma de charol
vienen por la carretera.
Jorobados y nocturnos,
por donde animan ordenan
silencios de goma oscura
y miedos de fina arena.
Pasan, si quieren pasar,
y ocultan en la cabeza
una vaga astronomía
de pistolas inconcretas.
¡Oh ciudad de los gitanos!
En las esquinas, banderas.
La luna y la calabaza
con las guindas en conserva.
¡Oh ciudad de los gitanos!
Ciudad de dolor y almizcle,

con las torres de canela.
Cuando llegaba la noche,
noche que noche nochera,
los gitanos en sus fraguas
forjaban soles y flechas.
Un caballo malherido
llamaba a todas las puertas.
Gallos de vidrio cantaban
por Jeréz de la Frontera.
El viento vuelve desnudo
la esquina de la sorpresa,
en la noche platinoche,
noche que noche nochera.

o

La Virgen y San José
perdieron sus castañuelas,
y buscan a los gitanos
para ver si las encuentran.
La Virgen viene vestida
con un traje de alcaldesa,
de papel de chocolate
con los collares de almendras.
San José mueve los brazos
bajo una capa de seda.
Detrás va Pedro Domecq
con tres sultanes de Persia.

La media luna soñaba
un éxtasis de cigüeña.
Estandartes y faroles
invaden las azoteas.
Por los espejos sollozan
bailarinas sin caderas.
Agua y sombra, sombra y agua
por Jerez de la Frontera.

o

¡Oh ciudad de los gitanos!
En las esquinas, banderas.
Apaga tus verdes luces
que viene la benemérita.

o

¡Oh ciudad de los gitanos!
¿Quién te vio y no te recuerda?
Dejadla lejos del mar,
sin peines para sus crenchas.

o

Avanzan de dos en fondo
a la ciudad de la fiesta.
Un rumor de siemprevivas
invade las cartucheras.
Avanzan de dos en fondo.

Doble nocturno de tela.
El cielo se les antoja
una vitrina de espuelas.

o

   La ciudad, libre de miedo,
multiplicaba sus puertas.
Cuarenta guardias civiles
entraron a saco por ellas.
Los relojes se pararon,
y el coñac de las botellas
se disfrazó de noviembre
para no infundir sospechas.
Un vuelo de gritos largos
se levantó en las veletas.
Los sables cortaron las brisas
que los cascos atropellan.
Por las calles de penumbra
huyen las gitanas viejas
con los caballos dormidos
y las orzas de moneda.
Por las calles empinadas
suben las capas siniestras,
dejando detrás fugaces
remolinos de tijeras.

   En el portal de Belén
los gitanos se congregan.

San José, lleno de heridas,
amortaja a una doncella.
Tercos fusiles agudos
por toda la noche suenan.
La Virgen cura a los niños
con salivilla de estrella.
Pero la Guardia civil
avanza sembrando hogueras,
donde joven y desnuda
la imagen se quema.
Rosa la de los Camborios
gime sentada en su puerta
con sus dos pechos cortados
puestos en una bandeja.
Y otras muchachas corrían
perseguidas por sus trenzas,
en un aire donde estallan
rosas de pólvora negra.
Cuando todos los tejados
eran surcos en la tierra,
el alba meció sus hombros
en largo perfil de piedra.

o

¡Oh, ciudad de los gitanos!
La Guardia civil se aleja

por un túnel de silencio
mientras las llamas te cercan.

¡Oh, ciudad de los gitanos!
¿Quién te vio y no te recuerda?
Que te busquen en mi frente.
Juego de luna y arena.

SORPRESA

Muerto se quedó en la calle
con un puñal en el pecho.
No lo conocía nadie.
¡Cómo temblaba el farol!
Madre.

¡Cómo temblaba el farolito
de la calle!
Era madrugada. Nadie
pudo asomarse a sus ojos
abiertos al duro aire.

Que muerto se quedó en la calle
que con un puñal en el pecho
y que no lo conocía nadie.

Federico García Lorca

MALAGUEÑA

La muerte
entra y sale
de la taberna.

Pasan caballos negros
y gente siniestra
por los hondos caminos
de la guitarra.

Y hay un olor a sal
y a sangre de hembra
en los nardos febriles
de la marina.

La muerte
entra y sale...
y sale y entra
la muerte
de la taberna.

LLANTO POR
IGNACIO SANCHEZ MEJIAS
(1935)

I

LA COGIDA Y LA MUERTE

A las cinco de la tarde.
Eran las cinco en punto de la tarde.
Un niño trajo la blanca sábana
a las cinco de la tarde.
Una espuerta de cal ya prevenida
Lo demás era muerte y sólo muerte
a las cinco de la tarde.

El viento se llevó los algodones
a las cinco de la tarde.
Y el óxido sembró cristal y níquel
a las cinco de la tarde.
Ya luchan la paloma y el leopardo
a las cinco de la tarde.
Y un muslo con un asta desolada
a las cinco de la tarde.
Comenzaron los sones del bordón
a las cinco de la tarde.

Federico García Lorca

Las campanas de arsénico y el humo
a las cinco de la tarde.

En las esquinas grupos de silencio
a las cinco de la tarde.
¡Y el toro solo corazón arriba!
a las cinco de la tarde.
Cuando el sudor de nieve fue llegando
a las cinco de la tarde.
cuando la plaza se cubrió de yodo
a las cinco de la tarde.
la muerte puso huevos en la herida
a las cinco de la tarde.
A las cinco de la tarde.
A las cinco en punto de la tarde.

Un ataúd con ruedas es la cama
a las cinco de la tarde.
Huesos y flautas suenan en su oído
a las cinco de la tarde.
El toro ya mugía por su frente
a las cinco de la tarde.
El cuarto se irisaba de agonía
a las cinco de la tarde.
A lo lejos ya viene la gangrena
a las cinco de la tarde.
Trompa de lirio por las verdes ingles
a las cinco de la tarde.

Las heridas quemaban como soles
a las cinco de la tarde.
y el gentío rompía las ventanas
a las cinco de la tarde.
A las cinco de la tarde.
¡Ay, qué terribles cinco de la tarde!
¡Eran las cinco en todos los relojes!
¡Eran las cinco en sombra de la tarde!

2

LA SANGRE DERRAMADA

¡Que no quiero verla!
Dile a la luna que venga,
que no quiero ver la sangre
de Ignacio sobre la arena.

¡Que no quiero verla!

La luna de par en par.
Caballo de nubes quietas,
y la plaza gris del sueño
con sauces en las barreras.

¡Que no quiero verla!
Que mi recuerdo se quema.
¡Avisad a los jazmines
con su blancura pequeña!

¡Que no quiero verla!

La vaca del viejo mundo
pasaba su triste lengua
sobre un hocico de sangres
derramadas en la arena,
y los toros de Guisando,

casi muerte y casi piedra,
mugieron como dos siglos
hartos de pisar la tierra.
No.
¡Que no quiero verla!

Por las gradas sube Ignacio
con toda su muerte a cuestas.
Buscaba el amanecer,
y el amanecer no era.
Busca su perfil seguro,
y el sueño lo desorienta.
Buscaba su hermoso cuerpo
y encontró su sangre abierta.
¡No me digáis que la vea!
No quiero sentir el chorro
cada vez con menos fuerza;
es chorro que ilumina
los tendidos y se vuelca
sobre la pana y el cuero
de muchedumbre sedienta.
¡Quién me grita que me asome!
¡No me digáis que la vea!

No se cerraron sus ojos
cuando vio los cuernos cerca,
pero las madres terribles
levantaron la cabeza.
Y a través de las ganaderías,

Federico García Lorca

hubo un aire de voces secretas
que gritaban a toros celestes,
mayorales de pálida niebla.
No hubo príncipe en Sevilla
que comparársele pueda,
ni espada como su espada
ni corazón tan de veras.
Como un río de leones
su maravillosa fuerza,
y como un torso de mármol
su dibujada prudencia.
Aire de Roma andaluza
le doraba la cabeza
donde su risa era un nardo
de sal y de inteligencia.
¡Qué gran torero en la plaza!
¡Qué buen serrano en la sierra!
¡Qué blando con las espigas!
¡Qué duro con las espuelas!
¡Qué tierno con el rocío!
¡Qué deslumbrante en la feria!
¡Qué tremendo con las últimas
banderillas de tiniebla!

Pero ya duerme sin fin.
Ya los musgos y la hierba
abren con dedos seguros
la flor de su calavera.

Y su sangre ya viene cantando:
cantando por marismas y praderas,
resbalando por cuernos ateridos,
vacilando sin alma por la niebla,
tropezando con miles de pezuñas
como una larga, oscura, triste lengua,
para formar un charco de agonía
junto al Guadalquivir de las estrellas.
¡Oh blanco muro de España!
¡Oh negro toro de pena!

¡Oh sangre dura de Ignacio!
¡Oh ruiseñor de sus venas!
No.
¡Que no quiero verla!
Que no hay cáliz que la contenga,
que no hay golondrinas que se la beban,
no hay escarcha de luz que la enfríe,
no hay canto ni diluvio de azucenas,
no hay cristal que la cubra de plata.
No.
¡¡Yo no quiero verla!!

3
CUERPO PRESENTE

La piedra es una frente donde los sueños gimen
sin tener agua curva ni cipreses helados.
La piedra es una espalda para llevar al tiempo
con árboles de lágrimas y cintas y planetas.

Yo he visto lluvias grises hacia las olas
levantando sus tiernos brazos acribillados,
para no ser cazadas por la piedra tendida
que desata sus miembros sin empapar la sangre.

Porque la piedra coge simientes y nublados,
esqueletos de alondras y lobos de penumbra;
pero no da sonidos, ni cristales, ni fuego,
sino plazas y plazas y otras plazas sin muros.

Ya está sobre la piedra Ignacio el bien nacido.
Ya se acabó; ¿qué pasa? Contemplad su figura:
la muerte le ha cubierto de pálidos azufres
y le ha puesto cabeza de oscuro minotauro.

Ya se acabó. La lluvia penetra por su boca.
El aire como loco deja su pecho hundido,
y el Amor, empapado con lágrimas de nieve,
se calienta en la cumbre de las ganaderías.

¿Qué dicen? Un silencio con hedores reposa.
Estamos con un cuerpo presente que se esfuma,
con una forma clara que tuvo ruiseñores
y la vemos llenarse de agujeros sin fondo.

¿Quién arruga el sudario? ¡No es verdad lo que dice!
Aquí no canta nadie, ni llora en el rincón,
ni pica las espuelas, ni espanta la serpiente:
aquí no quiero más que los ojos redondos
para ver ese cuerpo sin posible descanso.

Yo quiero ver aquí los hombres de voz dura.
Los que doman caballos y dominan los ríos:
los hombres que les suena el esqueleto y cantan
con una boca llena de sol y pedernales.

Aquí quiero yo verlos. Delante de la piedra.
Delante de este cuerpo con las riendas quebradas.
Yo quiero que me enseñen dónde está la salida
para este capitán atado por la muerte.

Yo quiero que me enseñen un llanto como un río
que tenga dulces nieblas y profundas orillas,
para llevar el cuerpo de Ignacio y que se pierda
sin escuchar el doble resuello de los toros.

Que se pierda en la plaza redonda de la luna
que finge cuando niña doliente res inmóvil;
que se pierda en la noche sin canto de los peces
y en la maleza blanca del humo congelado.

Federico García Lorca

No quiero que le tapen la cara con pañuelos
para que se acostumbre con la muerte que lleva.
Véte, Ignacio: No sientas el caliente bramido.
Duerme, vuela, reposa: ¡También se muere el mar!

4

ALMA AUSENTE

No te conoce el toro ni la higuera,
ni caballos ni hormigas de tu casa.
No te conoce el niño ni la tarde
porque te has muerto para siempre.

No te conoce el lomo de la piedra,
ni el raso negro donde te destrozas.
No te conoce tu recuerdo mudo
porque te has muerto para siempre.

El otoño vendrá con caracolas
uva de niebla y montes agrupados,
pero nadie querrá mirar tus ojos
porque te has muerto para siempre.

Porque te has muerto para siempre,
como todos los muertos de la Tierra,
como todos los muertos que se olvidan
en un montón de perros apagados.

No te conoce nadie. Pero yo te canto.
Yo canto para luego tu perfil y tu gracia.
La madurez insigne de tu conocimiento.

Tu apetencia de muerte y el gusto de su boca.
La tristeza que tuvo tu valiente alegría.

Tardará mucho tiempo en nacer, si es que
[nace
un andaluz tan claro, tan rico de aventura.
Yo canto su elegancia con palabras que gimen
y recuerdo una brisa triste por los olivos.

DIVAN DEL TAMARIT

(1936)

ESTE ES EL PROLOGO

Dejaría en este libro
toda mi alma.
Este libro que ha visto
conmigo los paisajes
y vivido horas santas.

¡Qué pena de los libros
que nos llenan las manos
de rosas y de estrellas
y lentamente pasan!

¡Qué tristeza tan honda
es mirar los retablos
de dolores y penas
que un corazón levanta!

Ver pasar los espectros
de vidas que se borran,
ver al hombre desnudo
en Pegaso sin alas,

ver la vida y la muerte,
la síntesis del mundo,
que en espacios profundos
se miran y se abrazan.

Un libro de poesías
es el otoño muerto:
los versos son las hojas
negras en tierras blancas,

y la voz que los lee
es el soplo del viento
que les hunde en los pechos
—entrañables distancias—.

El poeta es un árbol
con frutos de tristeza
y con hojas marchitas
de llorar lo que ama.

El poeta es el médium
de la naturaleza
que explica su grandeza
por medio de palabras.

El poeta comprende
todo lo incomprensible,
y a cosas que se odian,
él, amigas las llama.

Sabe que los senderos
son todos imposibles,
y por eso de noche
va por ellos en calma.

En los libros de versos,
entre rosas de sangre,
van pasando las tristes
y eternas caravanas

que hicieron al poeta
cuando llora en las tardes,
rodeado y ceñido
por sus propios fantasmas.

Poesía es amargura,
miel celeste que mana
de un panal invisible
que fabrican las almas.

Poesía es lo imposible
hecho posible. Arpa
que tiene en vez de cuerdas
corazones y llamas.

Poesía es la vida
que cruzamos con ansia,
esperando al que lleva
sin rumbo nuestra barca.

Federico García Lorca

Libros dulces de versos
son los astros que pasan
por el silencio mudo
al reino de la Nada,
escribiendo en el cielo
sus estrofas de plata.

¡Oh, qué penas tan hondas
y nunca remediadas,
las voces dolorosas
que los poetas cantan!

Dejaría en el libro
éste toda mi alma...

    (7 de agosto de 1918).

ROMANCE APOCRIFO DE DON LUIS A CABALLO

Por el real de Andalucía
marcha don Luis a caballo.
Va esparciendo su manteo
con negra franja de nardos,
y luciendo un repertorio
en los pliegues de sus paños,
el viento, escultor de bultos
y burlador de romanos.
Dos amorcillos, hijuelos
del amor abanderado,
le van enjugando perlas
del noble sudor del cráneo,
con pañuelos de estameña
de rayadillo y cruzados.
¿Quién es la niña morena
que va a deponer el cántaro
a la fuente que le dicen
la fuente de los espárragos?
  —Felices, don Luis de Góngora;
¿no me conoce su garbo?
  —Ay, si es mi colmeruela
del corpiño almidonado.

Federico García Lorca

　Ya don Luis se apea airoso
del estribo plateado
y ella le nieva la bota
con el sostén de su mano.
Un rumor de galopines
galopantes, galopando
entre los olivos vienen,
con los trabucos terciados.
　—¿Quiénes son los tres barbianes?
¿Quiénes son los tres serranos?
　—Son tres flamencos de Flandes
que instalaron un semáforo
para dar órdenes falsas
a los vientos y a los barcos.
　Ya se acercan, cataduras
feas, ceños renegados.
Barba que tarde o que nunca
peneis de hueso peinaron.
　—¿Cómo os llamáis, barbianes?
La niña tiembla de verlos
aviesos y aborrascados.
Van diciendo uno, dos tres:
—José María el Temprano.
—El Príncipe de Esquilache.
—Justo García Soriano.
De la abierta carcajada
don Luis se ha desquijarado.

CASIDAS

I

CASIDA DEL HERIDO POR EL AGUA

Quiero bajar al pozo,
quiero subir los muros de Granada,
para mirar el corazón pasado
por el punzón oscuro de las aguas.

El niño herido gemía
con una corona de escarcha.

Estanques, aljibes y fuentes
levantaban al aire sus espadas.
¡Ay, qué furia de amor, qué hiriente filo,
qué nocturno rumor, qué muerte blanca!
¡Qué desiertos de luz iban hundiendo
los arenales de la madrugada!
El niño estaba solo
con la ciudad dormida en la garganta.
Un surtidor que viene de los sueños
lo defiende del hambre de la algas.

El niño y su agonía, frente a frente,
eran dos verdes lluvias enlazadas.

Federico García Lorca

El niño se tendía por la tierra
y su agonía se curvaba.

Quiero bajar al pozo,
quiero morir mi muerte a bocanadas,
quiero llenar mi corazón de musgo,
para ver al herido por el agua.

II
CASIDA DEL LLANTO

He cerrado mi balcón
porque no quiero oír el llanto
pero por detrás de los grises muros
no se oye otra cosa que el llanto.

Hay muy pocos ángeles que canten,
hay muy pocos perros que ladren,
mis violines caben en la palma de mi mano.

Pero el llanto es un perro inmenso,
el llanto es un ángel inmenso,
el llanto es un violín inmenso,
las lágrimas amordazan al viento,
y no se oye otra cosa que el llanto.

III

CASIDA DE LOS RAMOS

Por las arboledas del Tamarit
han venido los perros de plomo
a esperar que se caigan los ramos,
a esperar que se quiebren ellos solos.

El Tamarit tiene un manzano
con una manzana de sollozos.
Un ruiseñor apaga los suspiros
y un faisán los ahuyenta por el polvo.

Pero los ramos son alegres,
los ramos son como nosotros.
No piensan en la lluvia y se han dormido,
como si fueran árboles, de pronto.

Sentados con el agua en las rodillas
dos valles esperaban al otoño.
La penumbra con paso de elefante
empujaba las ramas y los troncos.

Por las arboledas del Tamarit
hay muchos niños de velado rostro
a esperar que se caigan mis ramos,
a esperar que se quiebren ellos solos.

IV

CASIDA DE LA MUJER TENDIDA

Verte desnuda es recordar la tierra.
La tierra lisa, limpia de caballos.
La tierra sin un junco, forma pura
cerrada al porvenir: confín de plata.

Verte desnuda es comprender el ansia
de la lluvia que busca débil talle,
o la fiebre del mar de inmenso rostro
sin encontrar la luz de su mejilla.

La sangre sonará por las alcobas
y vendrá con espadas fulgurantes,
pero tú no sabrás dónde se ocultan
el corazón de sapo o la violeta.

Tu vientre es una lucha de raíces,
tus labios son un alba sin contorno.
Bajo las rosas tibias de la cama
los muertos gimen esperando turno.

V

CASIDA DEL SUEÑO AL AIRE LIBRE

Flor de jazmín y toro degollado.
Pavimento infinito. Mapa. Sala. Arpa. Alba.
La niña finge un toro de jazmines
y el toro es un sangriento crepúsculo que brama.

Si el cielo fuera un niño pequeñito,
los jazmines tendrían mitad de noche oscura,
y el toro circo azul sin lidiadores
y un corazón al pie de una columna.

Pero el cielo es un elefante
y el jazmín es un agua sin sangre
y la niña es un ramo nocturno
por el inmenso pavimento oscuro.

Entre el jazmín y el toro
o garfios de marfil o gente dormida.
En el jazmín un elefante y nubes
y en el toro el esqueleto de la niña.

VI

CASIDA DE LA MANO IMPOSIBLE

Yo no quiero más que una mano,
una mano herida, si es posible.
Yo no quiero más que una mano,
aunque pase mil noches sin lecho.

Sería un pálido lirio de cal,
sería una paloma amarrada a mi corazón,
sería el guardián que en la noche de mi tránsito
prohibiera en absoluto la entrada a la luna.

Yo no quiero más que esa mano
para los diarios aceites y la sábana blanca de mi
[agonía.
Yo no quiero más que esa mano
para tener un ala de mi muerte.

Lo demás todo pasa.
Rubor sin nombre ya, astro perpetuo.
Lo demás es lo otro; viento triste,
mientras las hojas huyen en bandadas.

VII

CASIDA DE LA ROSA

La rosa
no buscaba la aurora:
casi eterna en su ramo,
buscaba otra cosa.

La rosa,
no buscaba ni ciencia ni sombra:
confín de carne y sueño,
buscaba otra cosa.

La rosa,
no buscaba la rosa.
Inmóvil por el cielo
buscaba otra cosa.

VIII

CASIDA DE LA MUCHACHA DORADA

La muchacha dorada
se bañaba en el agua
y el agua se doraba.

Las algas y las ramas
en sombra la asombraban,
y el ruiseñor cantaba
por la muchacha blanca.

Vino la noche clara,
turbia de plata mala,
con peladas montañas
bajo la brisa parda.

La muchacha mojada
era blanca en el agua
y el agua, llamarada.

Vino el alba sin mancha,
con mil caras de vaca,
yerta y amortajada
con heladas guirnaldas.

Federico García Lorca

La muchacha de lágrimas
se bañaba entre llamas,
y el ruiseñor lloraba
con las alas quemadas.

La muchacha dorada
era una blanca garza
y el agua la doraba.

IX

CASIDA DE LAS PALOMAS OSCURAS

A *Claudio Guillén.*

Por las ramas del laurel
vi dos palomas oscuras.
La una era el sol,

la otra la luna.
"vecinitas", les dije:

"¿Dónde está mi sepultura?"
"En mi cola", dijo el sol.

"En mi garganta", dijo la luna.

Y yo que estaba caminando
con la tierra por la cintura
vi dos águilas de nieve
y una muchacha desnuda.

La una era la otra
y la muchacha era ninguna.
"Aguilitas", les dije:

"¿Dónde está mi sepultura?"
"En mi cola", dijo el sol.

Federico García Lorca

"En mi garganta", dijo la luna.
Por las ramas del laurel
vi dos palomas desnudas.

La una era la otra
y las dos eran ninguna.

LUNA Y PANORAMA DE LOS INSECTOS

(*El poeta pide ayuda a la Virgen*)

Pido a la divina Madre de Dios,
Reina celeste de todo lo criado,
me dé la pura luz de los animalitos
que tienen una sola letra en su vocabulario,
animales sin alma, simples formas,
lejos de la despreciable sabiduría del gato,
lejos de la profundidad ficticia de los buhos,
lejos de la escultórica sapiencia del caballo,
criaturas que aman sin ojos,
con un solo sentido de infinito ondulado
y que se agrupan en grandes montones
para ser comidos por los pájaros.
Pido la sola dimensión
que tienen los pequeños animales planos
para narrar cosas cubiertas de tierra
bajo la dura inocencia del zapato;
no hay quien llore porque comprenda
el millón de muertecitas que tiene el mercado,
esa muchedumbre china de las cebollas decapitadas
y ese gran sol amarillo de viejos peces aplastados.
Tú, Madre siempre temible. Ballena de todos los
                                          [cielos.

Federico García Lorca

Tú, Madre siempre bromista. Vecina del perejil
[pestado.
Sabes que yo comprendo la carne mínima del mundo.

SOLEDAD

(Homenaje a Fray Luis de León)

Difícil delgadez:
¿Busca el mundo una blanca,
total, perenne ausencia?

Jorge Guillén.

Soledad pensativa
sobre piedra y rosal, muerte y desvelo
donde libre y cautiva,
fija en su blanco vuelo,
canta la luz herida por el hielo.

Soledad con estilo
de silencio sin fin y arquitectura,
donde la planta en vilo
del ave en la espesura,
no consigue clavar tu carne oscura.

En ti dejo olvidada
la frenética lluvia de mis venas,
mi cintura cuajada:
y rompiendo cadenas,
rosa débil seré por las arenas.

Federico García Lorca

  Rosa de mi desnudo
sobre paños de cal y sordo fuego,
cuando roto ya el nudo,
limpio de luna, y ciego,
cruce tus finas ondas de sosiego.

  En la curva del río
el doble cisne su blancura canta.
Húmeda voz sin frío
fluye de su garganta,
y por los juncos rueda y se levanta.

  Con su rosa de harina
niño desnudo mide la ribera,
mientras el bosque afina
su música primera
en rumor de cristales y madera.

  Coros de siemprevivas
giran locos pidiendo eternidades.
Sus señas expresivas
hieren las dos mitades
del mapa que rezuma soledades.

  El arpa y su lamento
prendido en nervios de metal dorado
tanto dulce instrumento
resonante o delgado,
buscan ¡oh, soledad! tu reino helado.

Mientras tú, inaccesible
para la verde lepra del sonido,
no hay altura posible
ni labio conocido,
por donde llegue a ti nuestro gemido.

Federico García Lorca

EN LA MUERTE DE
JOSE DE CIRIA Y ESCALANTE

¡Quién dirá que te vio, y en qué momento?
¡Qué dolor de penumbra iluminada!
Dos voces suenan: el reloj y el viento,
mientras flota sin ti la madrugada.

Un delirio de nardo ceniciento
invade tu cabeza delicada.
¡Hombre! ¡Pasión! ¡Dolor de luz! Memento.
Vuelve hecho luna y corazón de nada.

Vuelve hecho luna: con mi propia mano
lanzaré tu manzana sobre el río
turbio de rojos peces de verano.

Y tú, arriba, en lo alto, verde y frío,
¡olvídate! y olvida el mundo vano,
delicado Giocondo, amigo mío.

EL POETA PIDE A SU AMOR
QUE LE ESCRIBA

Amor de mis entrañas, viva muerte:
en vano espero tu palabra escrita
y pienso, con la flor que se marchita,
que si vivo sin mí, quiero perderte.

   El aire es inmortal. La piedra inerte
ni conoce la sombra ni la evita.
Corazón interior no necesita
la miel helada que la luna vierte.

   Pero yo te sufrí. Rasgué mis venas,
tigre y paloma, sobre tu cintura
en duelo de mordiscos y azucenas.
   Llena, pues, de palabras mi locura,
o déjame vivir en mi serena
noche del alma para siempre oscura.

Federico García Lorca

SONETO

Yo sé que mi perfil será tranquilo
en el musgo de un norte sin reflejo.
Mercurio de vigilia, casto espejo,
donde se quiebra el pulso de mi estilo.

Que si la yedra y el frescor del hilo
fue la norma del cuerpo que yo dejo,
mi perfil en la arena será un viejo
silencio sin rubor de cocodrilo.

Y aunque nunca tendrá sabor de llama
mi lengua de palomas ateridas
sino desierto gusto de retama,

libre signo de normas oprimidas
seré en el cuerpo de la yerta rama
y en el sinfín de dalias doloridas.

SONETO

Largo espectro de plata conmovida,
el viento de la noche suspirando
abrió con mano gris mi vieja herida
y se alejó: yo estaba deseando.

Llaga de amor que me dará la vida
perpetua sangre y pura luz brotando.
Grieta en que Filomena enmudecida
tendrá bosque, dolor y nido blando.

¡Ay qué dulce rumor en la cabeza!
Me tenderé junto a la flor sencilla
donde flota sin alma tu belleza.

Y el agua errante se pondrá amarilla,
mientras corre mi sangre en la maleza
mojada y olorosa de la orilla.

Federico García Lorca

SONETO

Tengo miedo a perder la maravilla
de tus ojos de estatua, y el acento
que de noche me pone en la mejilla
la solitaria rosa de tu aliento.

Tengo pena de ser en esta orilla
tronco sin ramas; y lo que más siento
es no tener la flor, pulpa o arcilla,
para el gusano de mi sufrimiento.

Si tú eres el tesoro oculto mío,
si eres mi cruz y mi dolor mojado,
si soy el perro de tu señorío,

no me dejes perder lo que he ganado
y decora las aguas de tu río
con hojas de mi otoño enajenado.

EPITAFIO A ISAAC ALBENIZ

Esta piedra que vemos levantada
sobre hierbas de muerte y barro oscuro,
guarda lira de sombra, sol maduro,
urna de canto sola y derramada.

Desde la sal de Cádiz a Granada,
que erige en agua su perpetuo muro,
en caballo andaluz de acento duro,
tu sombra gime por la luz dorada.

¡Oh dulce muerto de pequeña mano!
¡Oh música y bondad entretejida!
¡Oh pupila de azor, corazón vano!

Duerme, cielo sin fin, nieve tendida.
sueña invierno de lumbre, gris verano.
¡Duerme en olvido de tu vieja vida!

A CARMELA, LA PERUANA

Una luz de jacinto me ilumina la mano
al escribir tu nombre de tinta y cabellera
y en la neutra ceniza de mi verso quisiera
silbo de luz y arcilla de caliente verano.

Un Apolo de hueso borra el cauce inhumano
donde mi sangre teje juncos de primavera,
aire débil de alumbre y aguja de quimera
pone loco de espigas el silencio del grano.

En este duelo a muerte por la virgen poesía,
duelo de rosa y verso, de número y locura,
tu regalo semeja sol y vieja alegría.

¡Oh pequeña morena de delgada cintura!
¡Oh Perú de metal y de melancolía!
¡Oh España, oh luna muerta sobre la piedra dura!

A MERCEDES, EN SU VUELO

Una viola de luz yerta y helada
eres ya por las rocas de la altura.
Una voz sin garganta, voz oscura
que suena en todo sin sonar en nada.

Tu pensamiento es nieve resbalada
en la gloria sin fin de la blancura.
Tu perfil es perenne quemadura.
Tu corazón paloma desatada.

Canta ya por el aire sin cadena
la matinal fragante melodía,
monte de luz y llaga de azucena.

Que nosotros aquí de noche y día
haremos en la esquina de la pena
una guirnalda de melancolía.

Federico García Lorca

CANCION DE CUNA
A MERCEDES, MUERTA

Ya te vemos dormida.
Tu barca es de madera por la orilla.

Blanca princesa de nunca.
¡Duerme por la noche oscura!
Cuerpo de tierra y de nieve.
Duerme por el alba ¡duerme!

¡Tu barca es bruma, sueño, por la orilla!
Ya te alejas dormida.

ANTONIO MACHADO

ANTONIO MACHADO

Sevilla es la cuna de Antonio Machado, famoso literato español nacido en 1875, en el seno de una familia cultivadora de las letras españolas. Su padre, Don Antonio Machado y Alvarez, era un folclorista de fama, y su hermano Manuel, un año mayor que Antonio, está considerado como poeta y autor teatral de méritos personales indiscutibles.

Tenía Antonio ocho años, cuando su familia fijó su residencia en Madrid, ciudad en la que los dos hermanos estudiaron en la Institución Libre. Una circunstancia que influye decisivamente en la obra literaria y en la proyección temática de los dos hermanos, es que para cursar los estudios superiores, Manuel vuelve a Sevilla, mientras Antonio estudia en la Universidad Central de Madrid.

En 1898, Antonio marcha a París para trabajar en las traducciones de la casa Garnier, empresa editorial de gran prestigio; su estancia en París se prolonga hasta 1901, en que vuelve a España para dedicarse a la creación poética. Durante su estadía en París, desempeñó por breve tiempo el cargo de vicecónsul de Guatemala.

En 1903, aparece su primer libro de poesías, **Soledades,** y en 1907 obtiene la cátedra de francés en el Instituto de Soria; contrae matrimonio en 1909, y, acompañado de su esposa Leonor, vuelve a París a los cursos de Bédier y Bergson en la Sorbona, terminados los cuales retorna a Soria, donde muere su esposa en 1912; profundamente dolorido, se aleja de Soria y enseña francés en Baza, hasta 1919.

Madrid siempre vive en el pensamiento del poeta, pero las vicisitudes de la vida le han mantenido alejado de la capital hispana. En 1919, es trasladado a Segovia y esto le permite pasar algunas temporadas en Madrid y retornar a los círculos literarios en que su obra es sumamente apreciada; es en este tiempo cuando, en colaboración con su hermano Manuel, dedica parte de su tiempo a la preparación de algunas piezas teatrales de gran éxito.

La Real Academia Española de la Lengua, lo recibe como miembro en 1927, y en 1931, es trasladado al Instituto Calderón de Madrid.

Ferviente partidario de la República, con su pluma la sostiene en vigorosos artículos periodísticos; pero cuando estalla la Guerra Civil, sale de Madrid y se refugia en Valencia; finalmente, en febrero de 1939, emigra a Francia y muere poco después en el Hotel Quintana de Colliure.

Los poemas de Antonio Machado fueron compilados en los libros intitulados:

Soledades, editado en 1903—**Soledades, galerías y otros poemas,** editado en 1907—**Campos de Castilla,** editado en 1912—**Nuevas canciones,** presentando en 1925—**Cancionero apócrifo,** que fue su último libro poético.

En prosa escribió **Abel Martín** y **Juan de Mairena,** además de múltiples artículos y ensayos. Para el teatro, en compañía de su hermano Manuel, dió su su nombre a las siguientes obras: **Julianillo Valcárcel — Juan de Mañara — Las Adelfas — La Lola se va a los puertos — La Duquesa de de Benameji — La prima Fernanda — Desdichas de la fortuna.**

Los temas abordados por Antonio Machado en su producción poética, pertenecen a la poesía lírica pura; de ahí que en el fondo de sus poemas se encuentren algunos reflejos del tono melancólico de Bécquer y la búsqueda de la poesía pura cultivada por Juan Ramón Jiménez, de quien se distingue por la circunstancia de que su lirismo está encaminado a la manifestación subjetiva de los valores castellanos, como único medio para revalorizar lo eternamente español y proyectarlo hacia la moderna universalidad.

El subjetivismo de Machado tiene su más firme pedestal en la contemplación y añoranza de los paisajes amados; el estudio profundo de los autores antiguos, y en el análisis filosófico de situaciones y circunstancias. Pero su genio creador, sereno y delicado, evita la violencia y la confusión del modernismo, y así logra expresarse en versos plenos de sentimiento, verdad y sonoridad:

> ¿Soy clásico o romántico? No sé. Dejar quisiera mi verso, como deja el capitán su espada:
> famosa por la mano viril que la blandiera, no
> por el docto oficio del forjador preciada.

La pluma de Antonio Machado es tremendamente individualista, de tal forma que, hasta el presente, se le considera inclasificable dentro de las corrientes contemporáneas de la Literatura. Diríase mejor que por prolijos análisis de métodos y semejanzas, se le ubica al lado de los modernistas, de los postnoventaiochistas, y aun entre los creacionistas. La influencia modernista, de su obra proviene de los poetas franceses y no de Rubén Darío: con la generación del 98 tiene en común su búsqueda de la hispanidad, y con la generación siguiente participa del subjetivismo; pero la corrección en el lenguaje y en la expresión lo alejan definitivamente de los creacionistas.

De algunos párrafos seleccionados de unas declaraciones publicadas en 1931, aparece su sentido personal sobre la poesía y su opinión sobre el desarrollo de las corrientes literarias que se iniciaban en aquel tiempo:

"Pienso, como en los años del modernismo poético (los de mi juventud), que la poesía es la palabra esencial en el tiempo. La poesía moderna, que, a mi entender, arranca, en parte al menos, de Edgar A. Poe, viene siendo hasta nuestros días la historia del gran problema que al poeta plantean estos dos imperativos, en cierto modo contradictorios: esencialidad y temporalidad. Me siento algo en desacuerdo con los poetas del día. Ellos propenden a una destemporalización de la lírica, no sólo por el desuso de los artificios del ritmo, sino, sobre todo, por el empleo de las imágenes en función más conceptual que emotiva... Muy de acuerdo (me siento) con los poetas cultivadores de una lírica inmergida en las mesmas aguas de la vida, dicho sea con frase de Teresa de Jesús... Se habla de un nuevo clasicismo y hasta de una poesía de intelecto. El intelecto no ha cantado jamás, no es su misión. Sirve, no obstante, a la poesía señalándole el imperativo de su esencialidad. Porque tampoco hay poesía sin ideas, sin visiones de lo esencial. Pero las ideas del poeta no son categorías formales, cápsulas lógicas, sino directas intuiciones del ser que deviene, de su propio existir; son, pues, temporales, nunca elementos ácronos, puramente lógicos"...

ORACION POR ANTONIO MACHADO

Misterioso y silencioso
iba una y otra vez.
Su mirada era tan profunda
que apenas se podía ver.
Cuando hablaba tenía un dejo
de timidez y de altivez.
Y la luz de sus pensamientos
casi siempre se veía arder.

Era luminoso y profundo
como era hombre de buena fe.
Fuera pastor de mil leones
y de corderos a la vez.
Conduciría tempestades
o traería un panal de miel.
Las maravillas de la vida
y del amor y del placer,
cantaba en versos profundos
cuyo secreto era de él.
Montado en un raro Pegaso,
un día al imposible fue.

Ruego por Antonio a mis dioses,
ellos le salvven siempre. Amén.

RUBEN DARIO

INTRODUCCION

Leyendo un claro día
mis bien amados versos
he visto en el profundo
espejo de mis sueños

que una verdad divina
temblando está de miedo
y es una flor que quiere
echar su aroma al viento.

El alma del poeta
se orienta hacia el misterio.
Sólo el poeta puede
mirar lo que está lejos
dentro del alma, en turbio
y mago sol envuelto.

En esas galerías,
sin fondo, del recuerdo,
donde las pobres gentes
colgaron cual trofeo
el traje de una fiesta
apolillado y viejo,
allí el poeta sabe
el laborar, eterno
mirar de las doradas
abejas de los sueños

Poetas, con el alma
atenta al hondo cielo,
en la cruel batalla
o en el tranquilo huerto,
la nueva miel labramos
con los dolores viejos,
la veste blanca y pura
pacientemente hacemos,
y bajo el sol bruñimos
el fuerte arnés de hierro.

El alma que no sueña,
el enemigo espejo,
proyecta nuestra imagen
con un perfil grotesco.
Sentimos una ola
de sangre, en nuestro pecho,
que pasa... y sonreímos
y a laborar volvemos.

AMADA, EL AURA DICE

Amada, el aura dice
tu pura veste blanca...
No te verán mis ojos;
¡mi corazón te aguarda!

El viento me ha traído
tu nombre en la mañana;
el eco de tus pasos
repite la montaña...
No te verán mis ojos;
¡mi corazón te aguarda!

En las sombrías torres
repican las campanas...
No te verán mis ojos;
¡mi corazón te aguarda!

Los golpes del martillo
dicen la negra caja;
y el sitio de la fosa,
los golpes de la azada...
No te verán mis ojos;
¡mi corazón te aguarda!

RETRATO

Mi infancia son recuerdos de un patio de
                                    Sevilla,
y un huerto claro donde madura el limonero;
mi juventud, veinte años en tierra de Castilla;
mi historia, algunos casos que recordar no
                                    [quiero.

Ni un seductor Mañara, ni un Bradomín he
                                    [sido

—ya cnoocéis mi torpe aliño indumentario—,
mas recibí la flecha que me asignó Cupido,
y amé cuanto ellas pueden tener de
                                    [hospitalario.

Hay en mis venas gotas de sangre jacobina,
pero mi verso brota de manatial sereno;
y, más que un hombre al uso que sabe su
                                    [doctrina
soy, en el buen sentido de la palabra, bueno.

Adoro la hermosura y en la moderna estética
corté las viejas rosas del huerto de Ronsard;
mas no amo los afeites de la actual cosmética,
ni soy un ave de esas del nuevo gay-trinar.

Desdeño las romanzas de los tenores huecos
y el coro de los grillos que cantan a la luna.
A distinguir me paro las voces de los ecos,
y escucho solamente, entre las voces, una.

¿Soy clásico o romántico? No sé. Dejar
[quisiera
mi verso, como deja el capitán su espada:
famosa por la mano viril que la blandiera,
no por el docto oficio del forjador preciada.

Converso con el hombre que siempre va
[conmigo
—quien habla solo espera hablar a Dios
un día—;
mi soliloquio es plática con este buen amigo
que me enseñó el secreto de la filantropía.

Y al cabo, nada os debo; debéisme cuanto he
[escrito.
A mi trabajo acudo, con mi dinero pago
el traje que me cubre y la mansión que
[habito,

el pan que me alimenta y el lecho donde
[yago.
Y cuando llegue el día del último viaje,
y esté al partir la nave que nunca ha de
[tornar,
me encontraréis a bordo, ligero de equipaje,
casi desnudo, como los hijos de la mar.

DESDE EL UMBRAL DE UN SUEÑO

Desde el umbral de un sueño me llamaron...
Era la buena voz, la voz querida.

Dime: ¿vendrás conmigo a ver el alma?...
Llegó a mi corazón una caricia.

—Contigo siempre... Y avancé en mi sueño
por una larga, escueta galería,
sintiendo el roce de la veste pura
y el palpitar suave de la mano amiga.

Antonio Machado

EL VIAJERO

Está en la sala familiar, sombría,
y entre nosotros, el querido hermano
que en el sueño infantil de un claro día
vimos partir hacia un país lejano.
Hoy tiene ya las sienes plateadas,
un gris mechón sobre la angosta frente
y la fría inquietud de sus miradas
revela un alma casi toda ausente.

Deshójanse las copas otoñales
del parque mustio y viejo.
La tarde, tras los húmedos cristales
se pinta, y en el fondo del espejo.

El rostro del hermano se ilumina
suavemente. ¿Floridos desengaños
dorados por la tarde que declina?
¿Ansias de vida nueva en nuevos años?

¿Lamentará la juventud perdida?
Lejos quedó —la pobre loba— muerta.
¿La blanca juventud nunca vivida
teme, que ha de cantar ante su puerta?

¿Sonríe al sol de oro
de la tierra de un sueño no encontrada;
y ve su nave hender el mar sonoro,
de viento y luz la blanca vela hinchada?

El ha visto las hojas otoñales,
amarillas, rodar, las olorosas
ramas del eucalipto, los rosales
que enseñan otra vez sus blancas rosas...

Y este dolor que añora o desconfía
el temblor de una lágrima reprime,
y un resto de viril hipocresía
en el semblante pálido se imprime.

Serio retrato en la pared clarea
todavía. Nosotros divagamos.
En la tristeza del hogar golpea
el tictac del reloj. Todos callamos.

TARDE TRANQUILA, CASI

Tarde tranquila, casi
con placidez de alma,
para ser joven, para haberlo sido
cuando Dios quiso, para
tener algunas alegrías... lejos
y poder dulcemente recordarlas.

INVENTARIO GALANTE

Tus ojos me recuerdan
las noches de verano,
negras noches sin luna,
orilla al mar salado,
y el chispear de estrellas
del cielo negro y bajo.

Tus ojos me recuerdan
las noches de verano.
Y tu morena carne,
los trigos requemados,
y el suspirar de fuego
de los maduros campos.

Tu hermana es clara y débil
como los juncos lánguidos,
como los sauces tristes,
como los linos glaucos.
Tu hermana es un lucero
en el azul lejano...

Y es alba y aura fría
sobre los pobres álamos
que en las orillas tiemblan
del río humilde y manso.
Tu hermana es un lucero
en el azul lejano.

De tu morena gracia,
de tu soñar gitano,
de tu mirar de sombra
quiero llenar mi vaso.

Me embriagaré una noche
de cielo negro y bajo,
para cantar contigo,
orilla al mar salado,
una canción que deje
cenizas en los labios...
De tu mirar de sombra
quiero llenar mi vaso.

Para tu linda hermana
arrancaré los ramos
de florecillas nuevas
a los almendros blancos
en un tranquilo y triste
alborear de marzo.
Los regaré con agua
de los arroyos claros,
los ataré con verdes
junquillos del remanso...

Para tu linda hermana
yo haré un ramito blanco.

EL LIMONERO LANGUIDO SUSPENDE...

El limonero lánguido suspende
una pálida rama polvorienta,
sobre el encanto de la fuente limpia,
y allá en el fondo sueñan
los frutos de oro...
                      Es una tarde clara,
casi de primavera,
tibia tarde de marzo,
que el hálito de abril cercano lleva;
y estoy solo en el patio silencioso,
buscando una ilusión cándida y vieja;
alguna sombra sobre el blanco muro,
algún recuerdo, en el pretil de piedra
de la fuente dormida, o, en el aire,
algún vagar de túnica ligera.

En el ambiente de la tarde flota
ese aroma de ausencia
que dice al alma luminosa: nunca,
y al corazón: espera.

Ese aroma que evoca los fantasmas
de las fragancias vírgenes y muertas.

Sí, te recuerdo, tarde alegre y clara,
casi de primavera,
tarde sin flores, cuando me traías
el buen perfume de la hierbabuena
y de la buena albahaca
que tenía mi madre en sus macetas.

Que tú me viste hundir mis manos puras
en el agua serena,
para alcanzar los frutos encantados
que hoy en el fondo de la fuente sueñan...

Sí, te conozco, tarde alegre y clara,
casi de primavera.

HORIZONTE

En una tarde clara y amplia como el hastío,
cuando su lanza blande el tórrido verano,
copiaban el fantasma de un grave sueño mío
mil sombras en teoría, enhiestas sobre el llano.

La gloria del ocaso era un purpúreo espejo,
era un cristal de llamas, que al infinito viejo
iba arrojando el grave soñar en la llanura...
Y yo sentí la espuela sonora de mi paso
repercutir lejana en el sangriento ocaso,
y más allá la alegre canción de un alba pura.

Antonio Machado

YO VOY SOÑANDO CAMINOS

Yo voy soñando caminos
de la tarde. ¡Las colinas
doradas, los verdes pinos,
las polvorientas encinas!...
¿A dónde el camino irá?

Yo voy cantando, viajero
a lo largo del sendero...
—la tarde cayendo está—.

"En el corazón tenía
la espina de una pasión;
logré arrancármela un día:
ya no siento el corazón".

Y todo el campo un momento
se queda mundo y sombrío,
meditando. Suena el viento
en los álamos del río.

La tarde más se oscurece;
y el camino que serpea
y débilmente blanquea
se enturbia y desaparece.

Mi cantar vuelve a plañir:
"Aguda espina dorada,
quien te pudiera sentir
en el corazón clavada".

Antonio Machado

CANTE HONDO

Yo meditaba absorto, devanando
los hilos del hastío y la tristeza,
cuando llegó a mi oído,
por la ventana de mi estancia, abierta
a una caliente noche de verano,
el plañir de una copla soñolienta,
quebrada por los trémolos sombríos
de las músicas magas de mi tierra.

...Y era el Amor, como una roja llama...
—Nerviosa mano en la vibrante-cuerda
ponía un largo suspirar de oro,
que se trocaba en surtidor de estrellas—

...Y era la Muerte, al hombro la cuchilla
el paso largo, torva y esquelética.
—Tal cuando yo era niño la soñaba—.

Y en la guitarra, resonante y trémula,
la brusca mano, al golpear fingía
el reposar de un ataúd en tierra.

Y era un plañido solitario el soplo
que el polvo barre y la ceniza avienta.

ORILLAS DEL DUERO

Se ha asomado una cigüeña a lo alto del
                            [campanario
Girando en torno a la torre y al caserón
                            [solitario,
ya las golondrinas chillan. Pasaron del blanco
                            [invierno,

de nevascas y ventiscas los crudos soplos
                            [de infierno.
Es una tibia mañana.
El sol calienta un poquito la pobre tierra
                            [soriana.

Pasados los verdes pinos,
casi azules, primavera
se ve brotar en los finos
chopos de la carretera
y del río. El Duero corre, terso y mudo,
                            [mansamente.
El campo parece, más que joven, adolescente.

Entre las hierbas alguna humilde flor ha
                            [nacido,

azul o blanca. ¡Belleza del campo apenas
[florido,
y mística primavera!

¡Chopos del camino blanco, álamos de la
[ribera,

espuma de la montaña
ante la azul lejanía,
sol del día, claro día!
¡Hermosa tierra de España!

ELEGIA DE UN MADRIGAL

Recuerdo que una tarde de soledad y hastío,
¡oh tarde como tantas! el alma mía era,
bajo el azul monótono, un ancho y terso río
que ni tenía un pobre juncal en su ribera.

¡Oh mundo sin encanto, sentimental inopia
que borra el misterio azogue del cristal!
¡Oh el alma sin amores que el universo copia
con un irremediable bostezo universal!

Quiso el poeta recordar a solas,
las ondas bien amadas, la luz de los cabellos
que él llamaba en sus rimas rubias olas.
Leyó... La letra mata: no se acordaba de
                                    ellos...

Y un día —como tantos— al aspirar un día
aromas de una rosa que en el rosal se abría,
brotó como una llama la luz de los cabellos
que él en sus madrigales llamaba rubias olas,
brotó, porque un aroma igual tuvieron ellos...
Y se alejó en silencio para llorar a solas.

DICEN

> Dicen que el hombre no es hombre
> mientras que no oye su nombre
> de labios de una mujer.
> Puede ser.

Antonio Machado

SOLEDADES

He andado muchos caminos,
he abierto muchas veredas;
he navegado en cien mares
y atracado en cien riberas.

En todas partes he visto
caravanas de tristeza,
soberbios y melancólicos
borrachos de sombra negra,
y pedantones al paño
que miran, callan, y piensan
que saben, porque no beben
el vino de las tabernas.
Mala gente que camina
y va apestando la tierra...

Y en todas partes he visto
gentes que danzan o juegan,
cuando pueden, y laboran
sus cuatro palmos de tierra...

Nunca, si llegan a un sitio,
preguntan a dónde llegan.
Cuando caminan, cabalgan
a lomos de mula vieja,
y no conocen la prisa
ni aun en los días de fiesta.
Donde hay vino, beben vino;
donde no hay vino, agua fresca.

Son buenas gentes que viven,
laboran, pasan y sueñan,
y en un día como tantos
descansan bajo la tierra.

Antonio Machado

LA PRIMAVERA BESABA

La primavera besaba
suavemente la arboleda,
y el verde nuevo brotaba
como una verde humareda.

Las nubes iban pasando
sobre el campo juvenil...
Yo vi en las hojas temblando
las frescas lluvias de abril.

Bajo ese almendro florido,
todo cargado de flor
—recordaré—, yo he maldecido
mi juventud sin amor.

Hoy, en mitad de la vida,
me he parado a meditar...
¡Juventud nunca vivida,
quién te volviera a soñar!

PRELUDIO

Mientras la sombra pasa de un santo amor,
                              [hoy quiero
poner un dulce salmo sobre mi viejo atril.
Acordaré las notas del órgano severo
al suspirar fragante del pífano de abril.

Madurarán su aroma las pomas otoñales,
la mirra y el incienso salmodiarán su olor;
exhalarán su fresco perfume los rosales
bajo la paz en sombra del tibio huerto en
                                    [flor.

Al grave acorde lento de música y aroma,
la sola y vieja y noble razón de mi rezar
levantará su vuelo suave de paloma,
y la palabra blanca se elevará al altar.

Antonio Machado

LA PLAZA Y LOS NARANJOS ENCENDIDOS...

La plaza y los naranjos encendidos
con sus frutas redondas y risueñas.

Tumulto de pequeños colegiales
qu, al salir en desorden de la escuela,
llenan el aire de la plaza en sombra
con la algazrra de sus voces nuevas.

¡Alegría infantil en los rincones
de las ciudades muertas!...

¡Y algo nuestro de ayer, que todavía
vemos vagar por estas calles viejas!

SOÑE QUE TU ME LLEVABAS

Soñé que tú me llevabas
por una blanca vereda,
en medio del campo verde,
hacia el azul de las sierras,
hacia los montes azules,
una mañana serena.

Sentí tu mano en la mía,
tu mano de compañera,
tu voz de niña en mi oído
como una campana nueva,
como una campana virgen

de un alba de primavera.
¡Eran tu voz y tu mano,
en sueños, tan verdaderas!...
Vive, esperanza: ¡quién sabe
lo que se traga la tierra!

FUE UNA CLARA TARDE

Fue una clara tarde, triste y soñolienta
tarde de verano. La hiedra asomaba
al muro del parque, negra y polvorienta...
                    La fuente sonaba.

Rechinó en la vieja cancela mi llave;
con agrio ruido abrióse la puerta
de hierro mohoso y, al cerrarse, grave
golpeó el silencio de la tarde muerta.

En el solitario parque, la sonora
copla borbollante del agua cantora
me guió a la fuente. La fuente vertía
sobre el blanco mármol su monotonía.

La fuente cantaba: ¿Te recuerda, hermano,
un sueño lejano mi canto presente?
Fue una tarde lenta del lento verano.

Respondí a la fuente:
No recuerdo, hermana,
mas sé que tu copla presente es lejana.

Fue esta misma tarde: mi cristal vertía
como hoy sobre el mármol su monotonía.
¿Recuerdas, hermano?... Los mirtos talares,
que ves, sombreaban los claros cantares
que escuchas. Del rubio color de la llama,
el fruto maduro pendía en la rama,
lo mismo que ahora. ¿Recuerdas, hermano?...
Fue esta misma lenta tarde de verano.

—No sé qué me dice tu copla riente
de ensueños lejanos, hermana la fuente.

Yo sé que tu claro cristal de alegría
ya supo del árbol la fruta bermeja;
yo sé que es lejana la amargura mía
que sueña en la tarde de verano vieja.

Yo sé que tus bellos espejos cantores
copiaron antiguos delirios de amores:
mas cuéntame, fuente de lengua encantada,
cuéntame mi alegre leyenda olvidada.

—Yo no sé leyendas de antigua alegría
sino historias viejas de melancolía.

Fue una clara tarde del lento verano...
Tú venías solo con tu pena, hermano;
tus labios besaron mi linfa serena,
y en la clara tarde dijeron tu pena.
Dijeron tu pena tus labios que ardían;
la sed que ahora tienen, entonces tenían.

—Adios para siempre, la fuente sonora,
del parque dormido eterna cantora.
Adiós para siempre; tu monotonía,
fuente, es más amarga que la pena mía.

Rechinó en la vieja cancela mi llave;
con agrio ruido abrióse la puerta
de hierro mohoso y, al cerrarse, grave
sonó en el silencio de la tarde muerta.

ANOCHE CUANDO DORMIA

Anoche cuando dormía
soñé ¡bendita ilusión!
que una fontana fluía
dentro de mi corazón.

Di: ¿por qué acequia escondida,
agua, vienes hasta mí,
manantial de nueva vida
en donde nunca bebí?

Anoche cuando dormía
soñé ¡bendita ilusión!
que una colmena tenía
dentro de mi corazón;
y las doradas abejas
iban fabricando en él
con las amarguras viejas,
blanca cera y dulce miel.

Anoche cuando dormía
soñé ¡bendita ilusión!
que un ardiente sol lucía
dentro de mi corazón.

Antonio Machado

Era ardiente porque daba
calores de rojo hogar,
y era sol porque alumbraba
y porque hacía llorar.

Anoche cuando dormía
soñé ¡bendita ilusión!
que era Dios lo que tenía
dentro de mi corazón.

TAL VEZ LA MANO, EN SUEÑOS

Tal vez la mano, en sueños
del sembrador de estrellas,
hizo sonar la música olvidada
como una nota de la lira inmensa,
y la ola humilde a nuestros labios vino
de unas pocas palabras verdaderas.

ABRIL FLORECÍA

Abril florecía
frente a mi ventana.

Entre los jazmines
y las rosas blancas
de un balcón florido,
vi las dos hermanas.
La menor cosía,
la mayor hilaba...
Entre los jazmines
y las rosas blancas,
la más pequeñita,
risueña y rosada
—su aguja en el aire—,
miró a mi ventana.
La mayor seguía,
silenciosa y pálida,
el huso en su rueca
que el lino enroscaba.

Abril florecía
frente a mi ventana.

Una clara tarde
la mayor lloraba,
entre los jazmines
y las rosas blancas,
y ante el blanco lino
que en su rueca hilaba.
—¿Qué tienes —le dije—,
silenciosa pálida?
Señaló el vestido
que empezó la hermana.
En la negra túnica
la aguja brillaba;
sobre el blanco velo,
el dedal de plata.
Señaló a la tarde
de abril que soñaba,
mientras que se oía
tañer de campanas.
Y en la clara tarde
me enseñó sus lágrimas...

Abril florecía
frente a mi ventana.

Fue otro abril alegre
y otra tarde plácida.
El balcón florido
solitario estaba...

Antonio Machado

Ni la pequeñita
risueña y rosada,
ni la hermana triste,
silenciosa y pálida,
ni la negra túnica,
ni la toca blanca...
Tan sólo en el huso
el lino giraba
por mano invisible,
y en la oscura sala
la luna del limpio
espejo brillaba...
Entre los jazmines
y las rosas blancas
del balcón florido,
me miré en la clara
luna del espejo
que lejos soñaba...

Abril florecía
frente a mi ventana.

¡VERDES JARDINILLOS!

¡Verdes jardinillos,
claras plazoletas,
fuente verdinosa
donde el agua sueña,
donde el agua muda
resbala en la piedra!...

Las hojas de un verde
mustio, casi negras,
de la acacia, el viento
de septiembre besa,
y se lleva algunas
amarillas, secas,
jugando, entre el polvo
blanco de la tierra.

Linda doncellita
que el cántaro llenas
de agua transparente,
tú, al verme, no llevas
a los negros bucles
de tu cabellera,
distraídamente,
la mano morena,
ni, luego, en el limpio
cristal te contemplas...

Tú miras al aire
de la tarde bella,
mientras de agua clara
el cántaro llenas.

AL BORDE DEL SENDERO

Al borde del sendero un día nos sentamos.
Ya nuestra vida es tiempo, y nuestra sola
                         [cuita
son las desesperantes posturas que tomamos
para aguardar... Mas Ella no faltará a la
                         [cita.

CAMPOS DE SORIA

I

Es la tierra de Soria árida y fría.
Por las colinas y las sierras calvas,
verdes pradillos, cerros cenicientos,
la primavera pasa
dejando entre las hierbas olorosas
sus diminutas margaritas blancas.
La tierra no revive, el campo sueña.
Al empezar abril está nevada
la espalda del Moncayo;
el caminante lleva en su bufanda
envueltos cuello y boca, y los pastores
pasan cubiertos con sus luengas capas

II

Las tierras labrantías,
como retazos de estameñas pardas,
el huertecillo, el abejar, los trozos
de verde oscuro en que el merino pasta,
entre plomizos peñascales, siembran
el sueño alegre de infantil Arcadia.
En los chopos lejanos del camino,

parecen humear las yertas ramas
como un glauco vapor —las nuevas hojas—
y en las quiebras de valles y barrancas
blanquean los zarzales florecidos,
y brotan las violetas perfumadas.

III

Es el campo ondulado, y los caminos
ya ocultan los viajeros que cabalgan
en pardos borriquillos,
ya al fondo de la tarde arrebolada
elevan las plebeyas figurillas,
que el lienzo de oro del ocaso manchan.
Mas si trepáis a un cerro y veis el campo
desde los picos donde habita el águila,
son tornasoles de carmín y acero,
llanos plomizos, lomas plateadas,
circuídos por montes de violeta,
con las cumbres de nieve sonrosada.

IV

¡Las figuras del campo sobre el cielo!
Dos lentos bueyes aran
en un alcor, cuando el otoño empieza,
y entre las negras testas doblegadas
bajo el pesado yugo,

pende un cesto de juncos y retama,
que es la cuna de un niño:
y tras la yunta marcha
un hombre que se inclina hacia la tierra,
y una mujer que en las abiertas zanjas
arroja la semilla.
Bajo una nube de carmín y llama,
en el oro flúido y verdinoso
del poniente, las sombras se agigantan.

V

La nieve. En el mesón al campo abierto
se ve el hogar donde la leña humea
y la olla al hervir borbollonea.
El cierzo corre por el campo yerto,
alborotando en blancos torbellinos
la nieve silenciosa.
La nieve sobre el campo y los caminos
cayendo está como sobre una fosa.
Un viejo acurrucado tiembla y tose
cerca del fuego; su mechón de lana
la vieja hila, y una niña cose
verde ribete a su estameña grana.
Padres los viejos son de un arriero
que caminó sobre la blanca tierra
y una noche perdió ruta y sendero
y se enterró en las nieves de la sierra.

Antonio Machado

En torno al fuego hay un lugar vacío,
y en la frente del viejo, de hosco ceño,
como un tachón sombrío
—tal el golpe de un hacha sobre un leño—.
La vieja mira al campo, cual si oyera
pasos sobre la nieve. Nadie pasa.
Desierta la vecina carretera,
desierto el campo en torno de la casa.
La niña piensa que en los verdes prados
ha de correr con otras doncellitas
en los días azules y dorados,
cuando crecen las blancas margaritas.

VI

¡Soria fría, *Soria pura,
cabeza de Extremadura,*
con su castillo guerrero
arruinado sobre el Duero;
con sus murallas roídas
y sus casas denegridas!
¡Muerta ciudad de señores
soldados o cazadores;
de portales con escudos
de cien linajes hidalgos
y de famélicos galgos,
de galgos flacos y agudos,
que pululan

por las sórdidas callejas,
y a la medianoche ululan,
cuando graznan las cornejas!
¡Soria fría! La campana
de la Audiencia da la una.
Soria, ciudad castellana
¡tan bella! bajo la luna.

VII

¡Colinas plateadas,
grises alcores, cárdenas roquedas
por donde traza el Duero
su curva de ballesta
en torno a Soria, oscuros encinares,
ariscos pedregales, calvas sierras,
caminos blancos y álamos del río,
tardes de Soria, mística y guerrera,
hoy siento por vosotros, en el fondo
del corazón, tristeza,
tristeza que es amor! ¡Campos de Soria
donde parece que las rocas sueñan,
conmigo vais! ¡Colinas plateadas,
grises alcores, cárdenas roquedas!...

VIII

He vuelto a ver los álamos dorados,
álamos del camino en la ribera
del Duero, entre San Polo y San Saturio,
tras las murallas viejas
de Soria —barbacana
hacia Aragón, en castellana tierra—.

Estos chopos del río, que acompañan
con el sonido de sus hojas secas
el son del agua, cuando el viento sopla,
tienen en sus cortezas
grabadas iniciales que son nombres
de enamorados, cifras que son fechas.
¡Álamos del amor que ayer tuvísteis
de ruiseñores vuestras ramas llenas;
álamos que seréis mañana liras
del viento perfumado en primavera;
álamos del amor cerca del agua
que corre y pasa y sueña,
álamos de las márgenes del Duero,
conmigo vais, mi corazón os lleva!

IX

¡Oh sí! Conmigo vais, campos de Soria,
tardes tranquilas, montes de violeta,
alamedas del río, verde sueño
del suelo gris y de la parda tierra,
agria melancolía
de la ciudad decrépita,
me habéis llegado al alma,
¿o acaso estábais en el fondo de ella?
¡Gentes del alto llano numantino
que a Dios guardáis como cristianas viejas,
que el sol de España os llene
de alegría, de luz y de riqueza!

Antonio Machado

ALLA EN LAS TIERRAS ALTAS...

Allá, en las tierras altas,
por donde traza el Duero
su curva de ballesta
en torno a Soria, entre plomizos cerros
y manchas de raídos encinares,
mi corazón está vagando, en sueños...

¿No ves, Leonor, los álamos del río
con sus ramajes yertos?
Mira el Moncayo azul y blanco; dame
tu mano y paseemos.

Por estos campos de la tierra mía,
bordados de olivares polvorientos,
voy caminando solo,
triste, cansado, pensativo y viejo.

ERA UNA MAÑANA Y ABRIL SONREIA

Era una mañana y abril sonreía.
Frente al horizonte dorado moría
la luna, muy blanca y opaca; tras ella,
cual tenue, ligera quimera, corría
la nube que apenas enturbia una estrella.

Como sonreía la rosa mañana
al sol del oriente abrí mi ventana:
y en mi triste alcoba penetró el oriente
en canto de alondras, en risa de fuente
y en suave perfume de flora temprana.

Fue una clara tarde de melancolía.
Abril sonreía. Yo abrí las ventanas
de mi casa al viento... El viento traía
perfumes de rosas, doblar de campanas...

Doblar de campanas lejanas, llorosas,
suave de rosas aromado aliento...
...¿Dónde están los huertos floridos de rosas?
¿Qué dicen las dulces campanas al viento?

Antonio Machado

Pregunté a la tarde de abril que moría:
¿Al fin la alegría se acerca a mi casa?
La tarde de abril sonrió: La alegría
pasó por tu puerta —y luego sombría—:
Pasó por tu puerta. Dos veces no pasa.

COPLAS ELEGIACAS

¡Ay del que llega sediento
a ver el agua correr,
y dice: la sed que siento
no me la calma el beber!

¡Ay de quien bebe y, saciada
la sed, desprecia la vida:
moneda al tahur prestada,
que sea al azar rendida!

¡Del iluso que suspira
bajo el orden soberano,
y del que sueña la lira
pitagórica en su mano!

¡Ay del noble peregrino
que se para a meditar,
después de largo camino,
en el horror de llegar!

¡Ay de la melancolía
que llorando se consuela,
y de la melomanía
de un corazón de zarzuela!

Antonio Machado

¡Ay de nuestro ruiseñor,
si en una noche serena
se cura del mal de amor
que llora y canta sin pena!

¡De los jardines secretos,
de los pensiles soñados,
y de los sueños poblados
de propósitos discretos!

¡Ay del galán sin fortuna
que ronda a la luna bella;
de cuantos caen de la luna,
de cuantos se marchan a ella!

¡De quien el fruto prendido
en la rama no alcanzó,
de quien el fruto ha mordido
y el gusto amargo probó!

¡Y de nuestro amor primero
y de su fe mal pagada,
y, también, del verdadero
amante de nuestra amada!

ACASO

Como atento no más a mi quimera
no reparaba en torno mío, un día
me sorprendió la fértil primavera
que en todo el ancho campo sonreía.

Brotaban verdes hojas
de las hinchadas yemas del ramaje,
y flores amarillas, blancas, rojas,
alegraban la mancha del paisaje.

Y era una lluvia de saetas de oro
el sol sobre las frondas juveniles;
del amplio río en el caudal sonoro
se miraban los álamos gentiles.

Tras de tanto camino es la primera
vez que miro brotar la primavera,
dije, y después, declamatoriamente:

—¡Cuán tarde ya para la dicha mía!
Y luego, al caminar, como quien siente
alas de otra ilusión: —Y todavía
¡yo alcanzaré mi juventud un día!

Antonio Machado

LOS OJOS

Cuando murió su amada
pensó en hacerse viejo
en la mansión cerrada,
solo, con su memoria y el espejo
donde ella se miraba un claro día.

Como el oro en el arca del avaro,
pensó que guardaría
todo un ayer en el espejo claro.
Ya el tiempo para él no correría.

Mas pasado el primer aniversario,
¿cómo eran —preguntó—, pardos o negros,
sus ojos? ¿glaucos?... ¿grises?
¿cómo eran —¡santo Dios! que no recuerdo?

Salió a la calle un día
de primavera, y paseó en silencio
su doble luto, el corazón cerrado...
De una ventana en el sombrío hueco
vio unos ojos brillar. Bajó los suyos,
y siguió su camino... ¡Como esos!

LAS ENCINAS

¡Encinares castellanos
en laderas y altozanos,
serrijones y colinas
llenos de oscura maleza,
encinas, pardas encinas:
humildad y fortaleza!

Mientras que llenándoos va
el hacha de calvijares,
¿nadie cantaros sabrá,
encinares?

El roble es la guerra, el roble
dice el valor y el coraje,
rabia inmoble
en su torcido ramaje;
y es más rudo
que la encina, más nervudo,
más altivo y más señor.

El alto roble parece
que recalca y enmudece
su robustez, como atleta
que, erguido, afinca en el suelo.

Antonio Machado

El pino es el mar y el cielo
y la montaña: el planeta.
La palmera es el desierto,
el sol y la lejanía:
la sed; una fuente fría
soñada en el campo yerto.

Las hayas son la leyenda.
Alguien, en las viejas hayas,
leía una historia horrenda
de crímenes y batallas.
¿Quién ha visto sin temblar
un hayedo en un pinar?

Los chopos son la ribera,
liras de la primavera,
cerca del agua que fluye,
pasa y huye,
viva o lenta,
que se emboca turbulenta
o en remanso se dilata.
En su eterno escalofrío
copian del agua del río
las vivas ondas de plata.

De los parques las olmedas
son las buenas arboledas
que nos han visto jugar,

cuando eran nuestros cabellos
rubios y, con nieve en ellos,
nos han de ver meditar.

Tiene el manzano el olor
de su poma,
el eucalipto el aroma
de sus hojas, de su flor
el naranjo la fragancia;
y es del huerto
la elegancia
el ciprés oscuro y yerto.

¿Qué tienes tú, negra encina
campesina,
con tus ramas sin color
en el campo sin verdor;
con tu tronco ceniciento
sin esbeltez ni altiveza
con tu vigor sin tormento
y tu humildad que es firmeza?

En tu copa ancha y redonda
nada brilla,
ni tu verdioscura fronda
ni tu flor verdiamarilla.

Nada es lindo ni arrogante
en tu porte, ni guerrero,
nada fiero
que aderece tu talante.
Brotas derecha o torcida
con esa humildad que cede
sólo a la ley de la vida,
que es vivir como se puede.

El campo mismo se hizo
árbol en ti, parda encina.
Ya bajo el sol que calcina
ya contra el hielo invernizo,
el bochorno y la borrasca,
el agosto y el enero,
los copos de la nevasca,
los hilos del aguacero,
siempre firme, siempre igual,
impasible, casta y buena,
¡oh tú, robusta y serena,
eterna encina rural
de los negros encinares
de la raya aragonesa
y las crestas militares
de la tierra pamplonesa;
encinas de Extremadura,
de Castilla, que hizo a España,

encinas de la llanura,
del cerro y de la montaña;
encinas del alto llano
que el joven Duero rodea,
y del Tajo que serpea
por el suelo toledano:
encinas de junto al mar
—en Santander—, encinar
que pones tu nota arisca
como un castellano ceño,
en Córdoba la morisca,
y tu, encinar madrileño,
bajo Guadarrama frío,
tan hermoso, tan sombrío,
con tu adustez castellana
corrigiendo
la vanidad y el atuendo
y la hetiquez cortesana!...
Ya sé, encinas
campesinas,
que os pintaron, con lebreles
elegantes y corceles,
los más egregios pinceles,
y os cantaron los poetas
augustales,
que os asordan escopetas
de cazadores reales;

Antonio Machado

mas sois el campo y el lar
y la sombra tutelar
de los buenos aldeanos
que visten parda estameña,
y que cortan vuestra leña
con sus manos.

LLAMO A MI CORAZON, UN CLARO DIA

Llamó a mi corazón, un claro día,
con un perfume de jazmín, el viento.

—A cambio de este aroma,
todo el aroma de tus rosas quiero.
—No tengo rosas; flores
en mi jardín no hay ya; todas han muerto.

Me llevaré los llantos de las fuentes,
las hojas amarillas y los mustios pétalos.
Y el viento huyó... Mi corazón sangraba...
Alma, ¿qué has hecho de tu pobre huerto?

Y PODRAS CONOCERTE

Y podrás conocerte, recordando
del pasado soñar los turbios lienzos,
en este día triste en que caminas
con los ojos abiertos.

De toda la memoria, sólo vale
el don preclaro de evocar los sueños.

Antonio Machado

A DON FRANCISCO GINER
DE LOS RIOS

Como se fue el maestro,
la luz de esta mañana
me dijo: Van tres días
que mi hermano Francisco no trabaja.
¿Murió?... Sólo sabemos
que se nos fue por una senda clara,
diciéndonos: Hacedme
un duelo de labores y esperanzas.
Sed buenos y no más, sed lo que he sido
entre vosotros: alma. Vivid, la vida sigue,
los muertos mueren y las sombras pasan:
lleva quien deja y vive el que ha vivido.

¡Yunques, sonad; enmudeced, campanas!

Y hacia otra luz más pura
partió el hermano de la luz del alba,
del sol de los talleres,
el viejo alegre de la vida santa.

...Oh, sí, llevad, amigos,
su cuerpo a la montaña,
a los azules montes

del ancho Guadarrama.
Allí hay barrancos hondos
de pinos verdes donde el viento canta.
Su corazón repose
bajo una encina casta,
en tierra de tomillos, donde juegan
mariposas doradas...
Allí el maestro un día
soñaba un nuevo florecer de España.

Antonio Machado

PRIMAVERAL

Nubes, sol, prado verde y caserío
en la loma, revueltos. Primavera
puso en el aire de este campo frío
la gracia de sus chopos de ribera.

Los caminos del valle van al río,
y allí, junto del agua, amor espera.
¿Por ti se ha puesto el campo ese atavío
de joven, oh invisible compañera?

¿Y ese perfume del habar al viento?
¿Y esa primera blanca margarita?
¿Tú me acompañas? En mi mano siento

doble latido; el corazón me grita,
que en las sienes me asorda el pensamiento:
eres tú quien florece y resucita.

SONETOS

I

Tuvo mi corazón, encrucijada,
de cien caminos, todos pasajeros,
un gentío sin cita ni posada,
como en andén ruidoso de viajeros.

Hizo a los cuatro vientos su jornada,
disperso el corazón por cien senderos
de llana tierra o piedra aborrascada,
y a la suerte, en el mar, de cien veleros.

Hoy, enjambre que torna a su colmena
cuando el bando de cuervos enronquece
en busca de su peña denegrida,

vuelve mi corazón a su faena,
con néctares del campo que florece
y el luto de la tarde desabrida.

Antonio Machado

II

Verás la maravilla del camino,
camino de soñada Compostela
—¡oh monte lila flavo!—, peregrino,
en un llano, entre chopos de candela.

Otoño con dos ríos ha dorado
el cerco del gigante centinela
de piedra y luz, prodigio torreado
que en el azul sin mancha se modela.

Verás en la llanura una jauría
de agudos galgos y un señor de caza
cabalgando a lejana serranía

vano fantasma de una vieja raza.
Debes entrar cuando en la tarde fría
brille un balcón en la desierta plaza.

III

¿Empañé tu memoria? ¡Cuántas veces!
La vida baja como un ancho río,
y cuando lleva al mar alto navío
va con cieno verdoso y turbias heces.

Y más si hubo tormenta en sus orillas,
y él arrastra el botín de la tormenta,
si en su cielo la nube cenicienta
se incendió de centellas amarillas.

Pero aunque fluya hacia la mar ignota,
es la vida también agua de fuente
que de claro venero, gota a gota,

o ruidoso penacho de torrente,
bajo el azul, sobre la piedra brota,
y allí suena tu nombre ¡eternamente!

IV

Esta luz de Sevilla... Es el palacio
donde nací con su rumor de fuente.
Mi padre en su despacho. —La alta frente,
la breve mosca, y el bigote lacio—.

Mi padre, aún joven. Lee, escribe, hojea
sus libros y medita. Se levanta;
va hacia la puerta del jardín. Pasea.
A veces habla solo, a veces canta.

Sus grandes ojos de mirar inquieto
ahora vagar parecen, sin objeto
donde puedan posar en el vacío.

Ya escapan de su ayer a su mañana;
ya miran en el tiempo ¡padre mío!
piadosamente mi cabeza cana.

V

Huye del triste amor, amor pacato,
sin peligro, sin venda ni aventura,
que espera del amor prenda segura,
porque en amor locura es lo sensato.

Ese que el pecho esquiva al niño ciego
y blasfemo del fuego de la vida
de una brasa pensada y no encendida,
quiere ceniza que le guarde el fuego.

Y ceniza hallará, no de su llama,
cuando descubra el torpe desvarío
que pendía, sin flor, fruto en la rama.

Con negra llave el aposento frío
de su tiempo abrirá. ¡Desierta cama
y turbio espejo y corazón vacío!

UNA NOCHE DE VERANO

Una noche de verano
—estaba abierto el balcón
y la puerta de mi casa—
la muerte en mi casa entró.

Se fue acercando a su lecho
—ni siquiera me miró—,
con unos dedos muy finos
algo muy tenue rompió.

Silenciosa y sin mirarme,
la muerte otra vez pasó
delante de mí. ¿Qué has hecho?
La muerte no respondió.

Mi niña quedó tranquila,
dolido mi corazón.
¡Ay, lo que la muerte ha roto
era un hilo entre los dos!

CAMPO

La tarde está muriendo
como un hogar humilde que se apaga.

Allá, sobre los montes,
quedan algunas brasas.
Y ese árbol roto en el camino blanco
hace llorar de lástima.

¡Dos ramas en el tronco herido, y una
hoja marchita y negra en cada rama!

¿Lloras?... Entre los álamos de oro,
lejos, la sombra del amor te aguarda.

A JUAN RAMON JIMENEZ

Era una noche del mes
de mayo, azul y serena.
Sobre el agudo ciprés
brillaba la luna llena,
iluminando la fuente
en donde el agua surtía
sollozando intermitente.

Sólo la fuente se oía.

Después, se escuchó el acento
de un oculto ruiseñor.
Quebró una racha de viento
la curva del surtidor.
Y una dulce melodía
vagó por todo el jardín;
entre los mirtos tañía
un músico su violín.

Era un acorde lamento
de juventud y de amor
para la luna y el viento,
el agua y el ruiseñor.

Antonio Machado

"El jardín tiene una fuente
y la fuente una quimera..."

Cantaba una voz doliente,
alma de la primavera.
Calló la voz y el violín
apagó su melodía.
Quedó la melancolía
vagando por el jardín.

Sólo la fuente se oía.

COPLA

En el mar de la mujer
pocos naufragan de noche;
muchos al amanecer.

A LA MUERTE DE RUBEN DARIO

Si era toda en tu verso la armonía del mundo,
¿dónde fuiste, Darío, la armonía a buscar?
Jardinero de Hesperia, ruiseñor de los mares,
¿te ha llevado Dionisos de su mano al infierno
y con las nuevas rosas triunfante volverás?
¿Te han herido buscando la soñada Florida,
la fuente de la eterna juventud, capitán?

Que en esta lengua madre la clara historia
                              [quede:
corazones de todas las Españas, llorad.
Rubén Darío ha muerto en sus tierras de Oro,
esta nueva nos vino atravesando el mar.

Pongamos, españoles, en un severo mármol,
su nombre, flauta y lira, y una inscripción
                              [no más:
Nadie esta lira pulse, si no es el mismo Apolo,
nadie esta flauta suene, si no es el mismo Pan.

MIS POETAS

El primero es Gonzalo de Berceo llamado,
Gonzalo de Berceo, poeta y peregrino,
que yendo en romería acaeció en un prado
y a quien los sabios pintan copiando un
                                [pergamino.

Trovó a Santo Domingo, trovó a Santa María,
y a San Millán, y a San Lorenzo y Santa Oria
y dijo: Mi dictado non es de juglaría;
escrito lo tenemos; es verdadera historia.

Su verso es dulce y grave; monótonas hileras
de chopos invernales en donde nada brilla;
renglones como surcos en pardas sementeras,
y lejos, las montañas azules de Castilla.

El nos cuenta el repaire del romero cansado;
leyendo en santorales y libros de oración,
copiando historias viejas, nos dice su dictado,
mientras le sale afuera la luz del corazón.

PROFESION DE FE

El Dios que todos llevamos,
el Dios que todos hacemos,
el Dios que todos buscamos
y que nunca encontraremos.
Tres dioses o tres personas
del solo Dios verdadero.

SONETOS

I

LA PRIMAVERA

Más fuerte que la guerra —espanto y grima—
cuando con torpe vuelo de avutarda
el ominoso trimotor se encima
y sobre el vano techo se retarda,

hoy tu alegre zalema el campo anima,
tu claro verde el chopo en yemas guarda.
Fundida irá la nieve de la cima
al hielo rojo de la tierra parda.

Mientras retumba el monte, el mar humea,
da la sirena el lúgubre alarido,
y en el azul el avión platea,

¡cuán agudo se filtra hasta mi oído,
niña inmortal, infatigable dea,
el agrio son de tu rabel florido!

II

EL POETA RECUERDA LAS TIERRAS
DE SORIA

¡Ya su perfil zancudo en el regato,
en el azul el vuelo de ballesta,
o, sobre el ancho nido de ginesta,
en torre, torre y torre, el garabato

de la cigüeña!... En la memoria mía
tu recuerdo a traición ha florecido;
y hoy comienza tu campo empedernido
el sueño verde en la tierra fría.

Soria pura, entre montes de violeta.
Di tú, avión marcial, si el alto Duero
a donde vas recuerda a su poeta

al revivir su rojo Romancero;
¿o es, otra vez, Caín, sobre el planeta,
bajo tus alas, moscardón guerrero?

III

AMANECER EN VALENCIA

Desde una torre

Estas rachas de marzo, en los desvanes
—hacia la mar— del tiempo; la paloma
de pluma tornasol, los tulipanes
gigantes del jardín, y el sol que asoma,

bola de fuego entre morada bruma,
a iluminar la tierra levantina...
¡Hervor de leche y plata, añil y espuma,
y velas blancas en la mar latina!

Valencia de fecundas primaveras,
de floridas almunias y arrozales,
feliz quiero cantarte, como eras,

domando a un ancho río en tus canales,
al dios marino con tus albuferas,
al centauro de amor con tus rosales.

IV

LA MUERTE DEL NIÑO HERIDO

Otra vez en la noche... Es el martillo
de la fiebre en las sienes bien vendadas
del niño. —Madre, ¡el pájaro amarillo!
¡las mariposas negras y moradas!

—Duerme, hijo mío. —Y la manita oprime
la madre, junto al lecho. —¡Oh flor de
[fuego!
¿quién ha de helarte, flor de sangre, dime?
Hay en la pobre alcoba olor de espliego;

fuera, la oronda luna que blanquea
cúpula y torre a la ciudad sombría.
Invisible avión moscardonea.

—¿Duermes, oh dulce flor de sangre mía?
El cristal del balcón repiquetea.
—¡Oh, fría, fría, fría, fría, fría!

V

De mar a mar entre los dos la guerra,
más honda que la mar. En mi parterre,
miro a la mar que el horizonte cierra.
Tú, asomada, Guiomar, a un finisterre,

miras hacia otra mar, la mar de España
que Camoens cantara, tenebrosa.
Acaso a ti mi ausencia te acompaña.
A mí me duele tu recuerdo, diosa.

La guerra dio al amor el tajo fuerte.
Y es la total angustia de la muerte,
con la sombra infecunda de la llama

y la soñada miel de amor tardío,
y la flor imposible de la rama
que ha sentido del hacha el corte frío.

VI

Otra vez el ayer. Tras la persiana,
música y sol; en el jardín cercano,
la fruta de oro, al levantar la mano,
el puro azul dormido en la fontana.

Mi Sevilla infantil ¡tan sevillana!
¡cuál muerde el tiempo tu memoria en
                                    [vano!
¡Tan nuestra! Aviva tu recuerdo, hermano.
No sabemos de quién va a ser mañana.

Alguien vendió la piedra de los lares
al pesado teutón, al hambre mora,
y al ítalo las puertas de los mares.

¡Odio y miedo a la estirpe redentora
que muele el fruto de los olivares,
y ayuna y labra, y siembra y canta y llora!

VII

Trazó una odiosa mano, España mía
—ancha lira, hacia el mar, entre dos
                                    [mares—,
zonas de guerra, crestas militares,
en llano, loma, alcor y serranía.

Manes del odio y de la cobardía
cortan la leña de tus encinares,
pisan la baya de oro en tus lagares,
muelen el grano que tu suelo cría.

Otra vez —¡otra vez!— oh triste España,
cuando se anega en viento y mar se baña
juguete de traición, cuando se encierra

en los templos de Dios mancha el olvido,
cuando acrisola el seno de la tierra
se ofrece a la ambición, ¡todo vendido!

VIII

Mas tú, varona fuerte, madre santa,
sientes tuya la tierra en que se muere,
en ella afincas la desnuda planta,
y a tu Señor suplicas: ¡Miserere!

¿A dónde irá el felón con su falsía?
¿En qué rincón se esconderá, sombrío?
Ten piedad del traidor. Paríle un día,
se engendró en el amor, es hijo mío.

Hijo tuyo es también, Dios de bondades.
Cúrale con amargas soledades.
Haz que su infamia su castigo sea.

Que trepe a un alto pino en la alta cima,
y, en él ahorcado, que su crimen vea,
y el horror de su crimen lo redima.

SUEÑO

Ayer soñé que veía
a Dios y que a Dios hablaba;
y soñé que Dios me oía...
Después soñé que soñaba.

Antonio Machado

A DON MIGUEL DE UNAMUNO

Este donquijotesco
don Miguel de Unamuno, fuerte vasco,
lleva el arnés grotesco
y el irrisorio casco
del buen manchego. Don Miguel camina,
jinete de quimérica montura,
metiendo espuela de oro a su locura,
sin miedo de la lengua que malsina.

A un pueblo de arrieros,
lechuzos y tahures y logreros
dicta lecciones de Caballería.
Y el alma desalmada de su raza,
que bajo el golpe de su férrea maza
aún duerme, puede que despierte un día.

Quiere enseñar el ceño de la duda,
antes de que cabalgue, al caballero;
cual nuevo Hamlet, a mirar desnuda
cerca del corazón la hoja de acero.

Tiene el aliento de una estirpe fuerte
que soñó más allá de sus hogares
y que el oro buscó tras de los mares.
El señala la gloria tras la muerte.

Quiere ser fundador, y dice: Creo;
Dios y adelante el ánima española...
Y es tan bueno y mejor que fue Loyola:
sabe a Jesús y escupe al fariseo.

AZORIN

La roja tierra del trigal de fuego,
y del hablar florido la fragancia,
y el lindo cáliz de azafrán manchego
amó, sin mengua de la lis de Francia.

¿Cuya es la doble faz, candor y hastío,
y la trémula voz y el gesto llano,
y esa noble apariencia de hombre frío
que corrige la fiebre de la mano?

¡No le pongáis, al fondo, la espesura
de aborrascado monte o selva huraña
sino, en la luz de una mañana pura,

lueñe espuma de piedra, la montaña
y el diminuto pueblo en la llanura,
la aguda torre en el azul de España!

CONSEJO

Despacito y buena letra:
el hacer las cosas bien
importa más que el hacerlas.

RAMON PEREZ DE AYALA

Lo recuerdo... Un pintor me lo retrata,
no en el lino, en el tiempo. Rostro enjuto,
sobre el rojo manchón de la corbata,
bajo el amplio sombrero; resoluto

el ademán y el gesto petulante
—un si es no es— de mayorazgo en corte;
de bachelor en Oxford, o estudiante
en Salamanca, señoril el porte.

Gran poeta, el pacífico sendero
cantó que lleva a la asturiana aldea;
el mar polisonoro y sol de Homero

le dieron ancho ritmo, y clara idea,
su innúmero camino, el mar ibero,
su propio navegar, propia Odisea.

Antonio Machado

A DON RAMON DEL VALLE INCLAN

Yo era en mis sueños, don Ramón, viajero
del áspero camino, y tú, Caronte
de ojos de llama, el fúnebre barquero
de las revueltas aguas de Aqueronte

Plúrima barba al pecho te caía.
(Yo quise ver tu manquedad en vano).
Sobre la negra barca aparecía
tu verde senectud de Dios pagano.

Habla, dijiste, y yo: cantar quisiera
loor de tu Don Juan y tu paisaje,
en esta hora de verdad sincera.

Porque faltó mi voz en tu homenaje,
permite que en la pálida ribera
te pague en áureo verso mi barcaje.

PIO BAROJA

En Londres, o Madrid, Ginebra o Roma,
ha sorprendido, ingenuo paseante,
el mismo *taedium vitae* en vario idioma,
en múltiple careta igual semblante.

Atrás las manos enlazadas lleva,
y hacia la tierra, al pasear, se inclina;
todo el mundo a su paso es senda nueva,
camino por desmonte o por ruina.

Dio, aunque tardío, el siglo diecinueve
un ascua de su fuego al gran Baroja,
y otro siglo, al nacer, guerra le mueve,
que enceniza su cara pelirroja.
De la rosa romántica, en la nieve,
él ha visto caer la última hoja.

Antonio Machado

CONSEJOS, COPLAS, APUNTES

Tengo dentro de un herbario
una tarde disecada,
lila, violeta y dorada.
Caprichos de solitario.

Y en la página siguiente,
los ojos de Guadalupe,
cuyo color nunca supe.

Nuestras horas son minutos
cuando esperamos saber,
y siglos cuando sabemos
lo que se puede aprender.

Bueno es saber que los vasos
nos sirven para beber;
lo malo es que no sabemos
para qué sirve la sed.

Por la calle de mis celos
en veinte rejas con otro
hablando siempre te veo.

Siempre que nos vemos
es cita para mañana.
Nunca nos encontraremos.

La plaza tiene una torre,
la torre tiene un balcón,
el balcón tiene una dama,
la dama una blanca flor.
Ha pasado un caballero
—¡quién sabe por qué pasó!—
y se ha llevado la plaza
con su torre y su balcón,
con su balcón y su dama,
su dama y su blanca flor.

Desde mi ventana,
¡campo de Baeza,
a la luna clara!
¡Montes de Cazorla,
Aznaitín y Mágina!
De luna y de piedra
también los cachorros
de Sierra Morena!

El ojo que ves no es
ojo porque tú lo veas;
es ojo porque te ve.

Antonio Machado

Para dialogar,
preguntad, primero:
después... escuchad.

Busca a tu complementario,
que marcha siempre contigo
y suele ser tu contrario.

(POR TIERRAS DE ESPAÑA)

El hombre de estos campos que incendia
[los pinares
y su despojo aguarda como botín de guerra,

antaño hubo raído los negros encinares.
talado los robustos robledos de la sierra.

Hoy ve sus pobres hijos huyendo de sus
[lares;
la tempestad llevarse los limos de la tierra
por los sagrados ríos hacia los anchos mares;
y en páramos malditos trabaja, sufre y yerra.

Es hijo de una estirpe de rudos caminantes,
pastores que conducen sus hordas de merinos
a Extremadura fértil, rebaños trashumantes
que mancha el polvo y dora el sol de los
[caminos.

Pequeño, ágil, sufrido, los ojos de hombre
[astuto
hundidos, recelosos, movibles; y trazadas
cual arco de ballesta, en el semblante enjuto
de pómulos salientes, las cejas muy pobladas.

Abunda el hombre malo del campo y de
        [la aldea,
capaz de insanos vicios y crímenes bestiales,
que bajo el pardo sayo esconde un alma fea,
esclava de los siete pecados capitales.

Los ojos siempre turbios de envidia o de
        [tristeza,
guarda su presa y llora la que el vecino
        [alcanza;
ni para su infortunio ni goza su riqueza;
le hieren y acongojan fortuna y malandanza.

El numen de estos campos es sanguinario
        [y fiero:
al declinar la tarde, sobre el remoto alcor,
veréis agigantarse la forma de un arquero,
la forma de un inmenso centauro flechador.
Veréis llanuras bélicas y páramos de asceta
—no fue por estos campos el bíblico jardín—;
son tierras para el águila, un trozo de planta
por donde cruza errante la sombra de Caín.

(PASCUA DE RESURRECCION)

Mirad: el arco de la vida traza
el iris sobre el campo que verdea.
Buscad vuestros amores, doncellitas,
donde brota la fuente de la piedra.
En donde el agua ríe y sueña y pasa,
allí el romance del amor se cuenta.
¿No han de mirar un día, en veustros brazos,
atónitos, el sol de primvaera,
ojos que vienen a la luz cerrados,
y que al partirse de la vida ciegan?
¿No beberán un día en vuestros senos
los que mañana labrarán la tierra?
¡Oh, celebrad este domingo claro,
madrecitas en flor, vuestras entrañas nuevas!
Gozad esta sonrisa de vuestra ruda madre.
La sus hermosos nidos habitan las cigüeñas,
y escriben en las torres sus blancos garabatos.
Como esmeraldas lucen los musgos de las
[peñas.
Entre los robles muerden
los negros toros la menuda hierba,
y el pastor que apacienta los merinos
su pardo sayo en la montaña deja.

JUAN RAMON JIMENEZ

JUAN RAMON JIMENEZ

Este insigne poeta andaluz cuya producción literaria, vasta y profunda, influye en todas las corrientes literarias y en casi todos los poetas contemporáneos de habla española, debe su fama popular a una de las pocas obras en prosa que escribió:

PLATERO Y YO

En una de sus cartas, Juan Ramón describe con su pintoresca narrativa, su nacimiento y sus primeros años:

"Nací en Moguer la noche de Navidad de 1881. Mi padre era castellano y tenía los ojos azules; mi madre es andaluza y tiene los ojos negros. La blanca maravilla de mi pueblo guardó mi infancia en una casa vieja de grandes salones y verdes patios. De esos dulces años recuerdo muy bien que jugaba muy poco y que era gran amigo de la soledad; las solemnidades, las visitas, las iglesias, me daban miedo. Los once años entraron de luto en el colegio de los Jesuitas en el Puerto de Santa María; fui tristón porque ya dejaba atrás algún sentimentalismo: la ventana por donde veía llover sobre mi jardín, mi bosque, el sol poniente de mi calle..."

De Santa María pasó a Sevilla, en cuya Universidad hizo sus estudios superiores, y fue en esa ciudad donde inició sus trabajos literarios.

En 1898, durante una de sus breves estadías en Madrid, conoció al nicaragüense Rubén Darío, padre del modernismo poético en español, y su influencia determina el principio de una búsqueda incesante de la poesía pura en el ánimo de Juan Ramón.

Para ampliar sus horizontes visuales y culturales, el amigo de la soledad viaja a Francia y Suiza, aprende inglés y alemán, lee los clásicos griegos y latinos, y entabla amistad con los literatos más relevantes de su patria y de su tiempo, sin olvidar que siempre estuvo en contacto con todas las corrientes literarias que surgieron en su larga vida; pero su mayor comunicación literaria la tuvo con los conocidos autores teatrales Antonio Machado, Francisco Villaespesa y Gregorio Martínez Sierra.

Vuelve de sus viajes, Madrid se convierte en el centro de difusión de su obra literaria, pero siendo enemigo del ruido y del bullicio que le impiden concentrarse en su trabajo, para la creación artística se refugia en su natal Moguer; sus libros de poesía se suceden uno a otro y, para orientar a la juventud que desea seguir sus pasos, escriben las revistas Sí, Ley e Indice.

Contrae matrimonio con Zenobia Camprubí Aymar en 1917; Zenobia, talentosa traductora de Rabrindanat Tagore, no sólo es compañera de Juan Ramón, sino su colaboradora por excelencia.

Su búsqueda perenne de una poesía esencial que evite todo lo superfluo, y la consiguiente necesidad de silencio y tranquilidad física y espiritual, lo obligan a emigrar hacia Puerto Rico cuando principia la Guerra Civil española; su residencia americana es Puerto Rico, en cuya Universidad ocupa una cátedra, pero por cortas temporadas vive en Florida o en Washington.

En noviembre de 1956, le es concedido el Premio Nobel de Literatura por su obra en prosa "Platero y yo", escrita en 1914; el 29 de mayo de 1958, a los 76 años de edad, muere Juan Ramón Jiménez en Puerto Rico.

Su obra poética ha sido compilada en varios libros, de los cuales se pueden mencionar:

Primeras poesías, que contiene: **Anunciación** y **Rimas de Sombra.**

Arias tristes, formado por: **Arias otoñales, Nocturnos** y **Recuerdos sentimentales.**

Jardines lejanos, integrado por: **Jardines galantes, Jardines místicos** y **Jardines dolientes.**

Pastorales, forjado con: **Tristeza del campo,**

El Valle y **La estrella del pastor.**
Olvidanzas, estructurado con: **Las hojas verdes, Rosa de Septiembre** y **Versos accidentales.**
Baladas de primavera, escritas en 1907.
Elejías, que contiene: **Elejías puras, Elejías intermedias** y **Elejías lamentables.**
La soledad sonora; libro formado con: **La Soledad sonora, La Flauta y el Arroyo** y **Rosas mustias de cada día.**
Poemas májicos y dolientes, configurado con: **Poemas májicos y dolientes, Ruinas, Francina en el Jardín, Marinas de ensueño, Estampas** y **Perfume y nostaljia.**
Arte menor, formado con. **Cancioncillas, El jardinero sentimental, Quinta cuerda, Música en la sombra** y **Los rincones plácidos.**
Esto, que contiene: **Poesías del revés, Mercurio** y **Alejandrinos de cobre.**
Poemas agrestes, integrado por: **Poemas agrestes El pájaro en la rama, Poemas agrestes 2, Corazón en el viento** y **Poemas agrestes 3**
Laberinto, formado por: **Voz de seda, Tesoro, Variaciones inefables, La amistad, Sentimientos musicales, Nevermore** y **Olor de jazmín.**
Melancolía que encierra: **En tren, El alma encendida, La voz Velada, Tercetos melancólicos, Hoy** y **Tenebrae**

Poemas impersonales, que contiene: **Prosodias, Versos a, por, para..., Iconolojías, Al encausto y Dejos.**

Historias, Formado con: **Historias para niños sin corazón, Viñetas, Otras marinas de ensueño, La niña muerta y el tren lejano.**

Libros de amor, con: **Pasión Primera, Lo feo** y **Memoria del Corazón.**

Apartamiento I o Domingos, con: **Domingos en Moguer, Emoción** y **Poemas impresionistas.**

Apartamento II o El corazón en la mano, con: **El dolor solitario, Segundo Amor** y **El corazón en la mano.**

La frente pensativa, a cuya serie se unen **Canciones** y **Ceniza de Rosas.**

Pureza, con: **Amaneceres, Desvelo y Tardes.**

EL silencio de oro, serie poética que se une a: **Amor en primavera y amor de otoño,** y a **Romances Indelebles.**

Idilios, con: **Idilios clásicos** e **Idilios románticos**

Monumentos de amor, formado con: **Epistolario y Lira.**

Sonetos espirituales, configurado con: **Sonetos de Amor, Amistad y Recojimiento.**

Estío, con las series **Verdor** y **Oro.**

Diario de un poeta reciéncasado, formado por: **Hacia el mar, El amor en el mar, América del nord-este, Mar del retorno, España y Recuerdos de América nordestal,** escritos en España.

Otros títulos poéticos de Juan Ramón Jiménez, son: **Eternidades, Ellos, Piedra y cielo, Poesía, Belleza, Unidad, La estación total, Canciones de la nueva luz, En el otro costado, Dios deseado y deseante y Animal de Fondo.**

Cada uno de los títulos citados en esta extensa ficha bibliográfica, es una serie de poemas reunidos bajo un título genérico, lo que significa una larga vida de ininterrumpida creación literaria.

La temática de su obra es eminentemente lírica, y por su constante inclinación al sentimentalismo, se le considera romántico; pero el romanticismo de Juan Ramón afecta únicamente el fondo de su poesía, ya que libera las ideas de los viejos moldes métricos y consonantes, primero por la libertad del modernismo y después por la fuerza del surrealismo y creacionismo que intentan la expresión concreta por el rechazo absoluto de los ripios.

El modernismo determina la fuerza expresiva de sus primeros poemas, siendo en **La soledad sonora** donde se configura el maestro del modernismo hispano; sus poemas posteriores, por la búsqueda de la poesía pura, lo constituyen en maestro por excelencia de los autores contemporáneos.

El esfuerzo mental que se requiere para la consecución del lenguaje esencial de la nueva poesía, aparece en su libro **Eternidades, poema tercero:**

¡Inteiijencia, dame
el nombre exacto de las cosas!
...Que mi palabra sea
la cosa misma,
creada por mi alma nuevamente.
Que por mí vayan todos
los que no las conocen, a las cosas;
que por mí vayan todos
los que ya las olvidan, a las cosas;
que por mí vayan todos
los mismos que las aman, a las cosas...
¡Inteligencia, dame
el nombre exacto, y tuyo,
y suyo, y mío, de las cosas!

A JUAN RAMON JIMENEZ

¿Tienes, joven amigo, ceñida la coraza
para empezar, valiente, la divina pelea?
¿Has visto si resiste el metal de tu idea
la furia del mandoble y el peso de la maza?

¿Te sientes con la sangre de la celeste raza
que vida con los números pitagóricos crea?
¿Y, como el fuerte Herakles al león de Nemea,
a los sangrientos tigres del mal darías caza?

¿Te enternece el azul de una noche tranquila?
¿Escuchas pensativo el sonar de la esquila
cuando el Angelus dice el alma de la tarde?

¿Tu corazón las voces ocultas interpreta?
Sigue, entonces, tu rumbo de amor. Eres poeta.
La belleza te cubra de luz y Dios te guarde.

Ruben Darío

Juan Ramón Jiménez

ALBA

Se paraba
la rueda
de la noche...
Vagos ánjeles malvas
apagaban las verdes estrellas.
Una cinta tranquila
de suaves violetas
abrazaba amorosa
a la pálida tierra.
Suspiraban las flores al salir de su ensueño
embriagando el rocío de esencias.
Y en la fresca orilla de helechos rosados,
como dos almas perlas,
descansaban dormidas
nuestras dos inocencias
—¡oh qué abrazo tan blanco y tan puro!—
de retorno a las tierras eternas.

AZUCENA Y SOL

Nada me importa sufrir,
con tal de que tú suspires,
por tu imposible yo,
tú por mi imposible.

Nada me importa morir,
si tú te mantienes libre,
por tu imposible yo,
tú por mi imposible.

BLANCO Y VIOLETA

Entre lirios blancos
y cárdenos lirios,
distraía mi alma
su dolor sombrío,
como un lirio blanco
o un morado lirio.
La tarde moría
en idealismos
violetas y blancos
lo mismo que lirios.

Juan Ramón Jiménez

PARQUE VIEJO

Me he asomado por la verja
del viejo parque desierto:
todo parece sumido
en un nostáljico sueño.
Sobre la oscura arboleda,
en el transparente cielo,
de la tarde, tiembla y brilla
un diamantino lucero.
Y del fondo de la sombra,
llega, acompasado, el eco
de algún agua que suspira,
al darle una gota un beso.
...Mis ojos pierdo, soñando,
en el vaho del sendero:
una flor que se moría,
ya se ha quedado sin pétalos;
de una rama amarillenta,
al aire trémulo y fresco,
una pálida hoja mustia,
dando vueltas, cae al suelo.
...Ramas y hojas se han movido,
no sé qué turba el misterio:
de lo espeso de la umbría,

como una nube de incienso,
surje una rosa fantástica,
cuyo suavísimo cuerpo
se adivina, eterno y solo
tras mate y flotante velo.
Sus ojos clava en los míos,
y, entre las brumas huyendo,
se pierde, callada y triste,
en el irse del sendero...
Desde el proufndo boscaje,
llega, monótono, el eco
de algún agua que responde,
al darle una gota un beso.
Y allá sobre las magnolias,
en el traslúcido cielo
de la tarde, brilla y tiembla
una lágrima lucero.
...El jardín vuelve a sumirse
en melancólico sueño,
y un ruiseñor, dulce y alto,
jime en el hondo silencio.

Juan Ramón Jiménez

RECUERDOS

Ibamos paseando por la orilla
solitaria del lago.
La tarde estaba hermosa;
el ígneo sol de mayo
sonriendo se moría,
una canción de luces suspirando.

Serenos nuestros ojos,
unidas nuestras manos,
vagábamos tranquilos,
dulcemente mirándonos.

Latía el parque, mudo;
se estasiaban las flores y los pájaros.

De pronto, "Dí, me dijo,
"¿por qué el azul espacio,
por qué el cielo purísimo
se mancha, al reflejarse
en la verdina lóbrega del lago?".

Miré su frente blanca,
y la besé en los ojos, sollozando.

En la calma magnífica del parque
resonó el beso con un eco largo.
Un ruiseñor despierto.
lanzó un dulce quejido desgarrado.

ADOLESCENCIA

En el balcón, un instante
nos quedamos los dos solos.
Desde la dulce mañana
de aquel día eramos novios.

—El paisaje soñoliento
dormía sus vagos tonos,
bajo el cielo gris y rosa
del crepúsculo de otoño—.

Le dije que iba a besarla;
bajó, serena, los ojos
y me ofreció sus mejillas,
como quien pierde un tesoro

—Caían las hojas muertas,
en el jardín silencioso,
y en el aire erraba aún
un perfume de heliotropos—

No se atrevía a mirarme;
le dije que eramos novios,
...y las lágrimas rodaron
de sus ojos melancólicos.

¿ADÓNDE?

Aquella tarde, al decirle
yo que me iba del pueblo,
me miró triste —¡qué dulce!—
vagamente sonriendo.

Me dijo: ¿Por qué te vas?
Le dije: Porque el silencio
de estos valles me amortaja
como si estuviera muerto.

—¿Por qué te vas— He sentido
que quiere gritar mi pecho,
y en estos valles callados,
voy a gritar y no puedo.

Y me dijo: ¿Adónde vas?
Y le dije: Adonde el cielo
esté más alto y no brillen
sobre mí tantos luceros.

Hundió su mirada negra
allá en los valles desiertos,
y se quedó muda y triste,
vagamente sonriendo.

RÍO DE CRISTAL

Río de cristal, dormido
y encantado; dulce valle,
dulces riberas de álamos
blancos y de verdes sauces.

—El valle tiene un ensueño
y un corazón sueña y sabe
dar con su sueño un son lánguido
de flautas y de cantares—.

Río encantado; las ramas
soñolientas de los sauces,
en los remansos caídos,
besan los claros cristales.

Y el cielo es plácido y blando,
un cielo bajo y flotante,
que con su bruma de plata
acaricia ondas y árboles.

—Mi corazón ha soñado
con la ribera y el valle,
y ha llegado hasta la orilla
serena, para embarcarse;

pero, al pasar por la senda,
lloró de amor, con un aire
viejo, que estaba cantando
no sé quién, por otro valle.

Juan Ramón Jiménez

MI ALMA ES HERMANA DEL CIELO

Mi alma es hermana del cielo
gris y de las hojas secas.
¡Sol interno del otoño,
pásame con tu tristeza!

—Los árboles del jardín
están cargados de niebla.
Mi corazón ve por ellos
esa novia que no encuentra:
y en el suelo húmedo me abren
sus manos las hojas secas.
¡Si mi alma fuera una hoja
y se perdiera entre ellas!—

El sol ha mandado un rayo
de oro extraño a la arboleda,
un rayo flotante, dulce
luz a las cosas secretas.

—¡Qué ternura tiene el último
sol para las hojas secas!
Una armonía sin fin
vaga por todas las sendas,

lenta, eterna sinfonía
de músicas y de esencias,
que dora el jardín de una
más divina primavera—.

Y esa luz de bruma y oro,
que pasa las hojas secas,
irisa en mi corazón
no sé qué ocultas bellezas.

Juan Ramón Jiménez

LA HERMANA AMANTE

Tú me mirarás llorando
—será el tiempo de las flores—,
tú me mirarás llorando,
y yo te diré: no llores.

Mi corazón, lentamente,
se irá durmiendo... Tu mano
acariciará la frente
sudorosa de tu hermano...

Tú me mirarás sufriendo,
yo sólo tendré una pena;
tú me mirarás sufriendo,
tú, hermana, que eres tan buena.

Y tú me dirás: ¿qué tienes?
Y yo miraré hacia el suelo.
Y tú me dirás: ¿qué tienes?
Y yo miraré hacia el cielo.

Y yo me sonreiré,
—¡y tú estarás asustada!—
y yo me sonreiré
para decirte: No es nada...

PASTORAL

Tristeza dulce del campo
La tarde viene cayendo.
De las praderas segadas,
llega un suave olor a heno.

Los pinares se han dormido.
Sobre la colina, el cielo
es tiernamente violeta.
Canta un ruiseñor despierto.

Vengo detrás de una copla
que había por el sendero,
copla de llanto, aromada
con el olor de este tiempo;
copla que iba llorando
no sé qué cariño muerto,
de otras tardes de septiembre
que olieron también a heno.

Juan Ramón Jiménez

LOS TRONCOS MUERTOS

Ya están ahí las carretas...
—Lo han dicho el pinar y el viento,
lo ha dicho la luna de oro,
lo han dicho el humo y el eco...—

Son las carretas que pasan
estas tardes, al sol puesto,
las carretas que se llevan
del monte los troncos muertos.

¡Cómo lloran las carretas,
camino de Pueblo Nuevo!

Los bueyes vienen soñando,
a la luz de los luceros,
en el establo caliente
que sabe a madre y a heno.

Y detrás de las carretas,
caminan los carreteros,
con la aijada sobre el hombro
y los ojos en el cielo.

¡Cómo lloran las carretas,
camino de Pueblo Nuevo!

En la paz del campo, van
dejando los troncos muertos
un olor fresco y honrado
a corazón descubierto.

Y cae el ángelus desde
la torre del pueblo viejo
sobre los campos talados
que huelen a cementerio.

¡Cómo lloran las carretas,
camino de Pueblo Nuevo!

Juan Ramón Jiménez

LOS CAMINOS DE LA TARDE

Los caminos de la tarde
se hacen uno con la noche;
por él he de ir a ti,
amor que tanto te escondes.

Por él he de ir a ti,
como la luz de los montes,
como la brisa del mar,
como el olor de las flores.

CREPUSCULO

El poniente me invade con sus flores
de oro, mientras, largo y lento, canta
el ruiseñor de todos mis amores,
ahogándose casi en mi garganta.

Al ver este oro entre el pinar sombrío,
me he acordado de mí tan dulcemente,
que era más dulce el pensamiento mío
que toda la dulzura del poniente.

¡Oh, dulzura de oro! ¡Campo verde,
corazón con esquilas, humo en calma!
No hay en la vida nada que recuerde
estos dulces ocasos de mi alma.

Juan Ramón Jiménez

MAÑANA DE LA LUZ

Dios está azul. La flauta y el tambor
anuncian ya la luz de primavera.
¡Vivan las rosas, las rosas del amor,
en el verdor con sol de la pradera!

Vámonos al campo por romero,
vámonos, vámonos
por romero y por amor...

Le pregunté: "¿Me dejas que te quiera?"
Me respondió, bromeando su pasión:
"Cuando florezca la luz de primavera,
voy a quererte con todo el corazón".

Vámonos al campo por romero,
vámonos, vámonos
por romero y por amor...

"Ya floreció la luz de primavera.
¡Amor, la luz, amor, ya floreció!"
Me dijo seria: "¿Tú quieres que te quiera?"
¡Y la mañana de luz me traspasó!

Vámonos al campo por romero,
vámonos, vámonos
por romero y por amor...
Alegran flauta y tambor nuestra bandera.
La mariposa está aquí con la ilusión.
Mi novia es la rosa verdadera
¡y va a quererme con todo el corazón!

Juan Ramón Jiménez

NO VAS A SABER DECIRMELO

¡Cállate, por Dios, que tú
no vas a saber decírmelo!
¡Deja que abran todos mis
sueños y todos mis lirios!

Mi corazón oye bien
la letra de tu cariño...
El agua lo ve temblando,
entre las flores del río;
lo va soñando la niebla,
lo están cantando los pinos
—y la luna rosa— y el
corazón de tu molino...

¡No apagues, por Dios, la llama
que arde dentro de mí mismo!
¡Cállate, por Dios, que tú
no vas a saber decírmelo!

EL PUEBLO

El amor se va
por los campos; llega
a las puertas de
las pobres aldeas.

Y mujeres solas,
de miradas plenas,
lo sienten venir,
lo paran, lo besan.

"—¿De dónde eres tú?"—
...Los ocasos dejan
errando, entre luces
vagas, su belleza,
y por el oscuro
árbol de la puerta
los ojos, ¡qué grandes!
lo ven en la estrella.

Juan Ramón Jiménez

Por la noche, llenos,
los cuerpos se sueñan;
y en el corazón
que sin fe ni ciencia,
toda carne brota
—¡flores de la tierra!—,
un nido, que huele
bien en la miseria,
a aquel niño hombre,
delicado espera.

Luego, el hombre viene.
La mujer se deja...
El barro peor
da la primavera.

ELEJIAS

El sol entra en mi vida por la ventana abierta,
de modo que el rosal se ilumina de flores;
y las rosas de oro, en la casa desierta,
cantan no sé qué anjélicas sonatillas de
                              [amores.

La armonía romántica del poniente de oro,
va resbalando sobre el río vespertino...
Yo, al acordarme de ella, me desespero y
                              [lloro
una rosa y un oro, ¡lo alegre y lo divino!

            *

Amo el paisaje verde, por el lado del río.
El sol, entre la fronda, ilusiona el poniente;
y, sobre flores de oro, el pensamiento mío,
crepúsculo del alma, se va con la corriente.

¿Al mar? ¿Al cielo? ¿Al mundo? Qué se yo...
                              [Las estrellas
suelen bajar al agua, traídas por la brisa...
Medita el ruiseñor... Las penas son más
                              [bellas,
y sobre la tristeza florece la sonrisa.

Tú, dorador romántico de las visiones blancas,
sol de la tarde pura, que en este muro brillas;
¿de qué verjel del cielo, y en qué rosal,
                                    [arrancas
ese esplendor alegre de rosas amarillas?

Cristal de plata y oro del agua de aquel prado,
fruto de sangre y fuego del chopo de oropeles,
¡desgarra con un rayo fuljente mi costado,
y que mi corazón me sea de claveles!

¡Haz llama mi ceniza; mi ruina, tesoro;
cual por una avenida, vete por mi memoria...!
la mariposa negra házmela estrella de oro
la espina que me dores, tórnamela ilusoria!

*

¡Blancura deslumbrante de mi primer cariño
al toque melancólico y dulce de diana!
...¿Qué celeste alegría daba a mi alma de
                                    [niño
jardines orientales, en aquella mañana?

Era la feria. Estaban los pálidos dolores
muertos entre el verdor de falsas primaveras;
todo andaba cargado de risas y de flores,
el suelo era de juncias, el aire de banderas.

Y aquella suave noche azul, en aquel banco,
bajo la doble sombra de la acacia rendida,
ella, cuando la luna daba su lino blanco,
dijo que me quería para toda la vida.

...¡Ay, yo pasara todas mis penas nuevamente,
hasta las más oscuras, por ver una mañana
como aquella en que el sol me inmaculó la
                                    [frente,
al toque melancólico y dulce de diana!

Juan Ramón Jiménez

CON MUSICA Y CON AROMA

Le he puesto una rosa fresca
a la flauta melancólica:
cuando cante, cantará
con música y con aroma.
Tendrá una voz de mujer,
vacilante, arrulladora,
plata con llanto y sonrisa,
miel de mirada y de boca.
—Y será cual si unos finos
dedos jugasen con sombra
por los leves agujeros
de la caña melodiosa—.
¡Tonada que no sé yo,
oída una tarde en la fronda;
tonada que fui a cojer
y que huía entre las hojas!
Para ver si no se iba,
la engañé con una rosa:
cuando llore, llorará
con música y con aroma.

DESNUDOS

(Adioses, Ausencia, Regreso)

Nacía, gris, la luna, y Beethoven lloraba,
bajo la mano blanca, en el piano de ella...
En la estancia sin luz, ella, mientras tocaba,
morena de la luna, era tres veces bella.
Teníamos los dos desangradas las flores
del corazón, y acaso llorábamos sin vernos...
Cada nota encendía una herida de amores...
—El dulce piano intentaba comprendernos—.
Por el balcón abierto a brumas estrelladas,
venía un viento triste de mundos invisibles...
Ella me preguntaba de cosas ignoradas
y yo le respondí de cosas imposibles...

Juan Ramón Jiménez

PRIMAVERA AMARILLA

Abril venía, lleno
todo de flores amarillas:
amarillo el arroyo,
amarillo el vallado, la colina,
el cementerio de los niños,
el huerto aquel donde el amor vivía.
El sol unjía de amarillo el mundo,
con sus luces caídas;
¡ay, por los lirios áureos,
el agua de oro, tibia;
las amarillas mariposas
sobre las rosas amarillas!
Guirnaldas amarillas escalaban
los árboles; el día
era una gracia perfumada de oro,
en un dorado despertar de vida.
Entre los huesos de los muertos
abría Dios sus manos amarillas.

RUINAS

Impenetrable es tu frente, cual un muro.
Tan cerca de los ojos, ¿cómo retiene preso
tu pensamiento? ¿Cómo su recinto es oscuro,
bajo el cabello de oro, sobre el radiante beso?

—Con la movilidad del foso de tus ojos,
la fijeza de dardo de los míos esquivas;
a veces, brillan dentro como ponientes rojos,
a veces, como rápidas estrellas pensativas—.

¡Mujer, que yo lo vea! Libra de sus penosas
dudas a este constante asedio de mis penas;
¡quiero saber si tu alma es un jardín de rosas,
o un pozo verde, con serpientes y cadenas!

FRANCINA EN EL JARDIN

(...Rit de la fraicheur de l'eau).

V. Hugo

Con lilas llenas de agua
le golpeé las espaldas.
Y toda su carne blanca
se enjoyó de gotas claras.
¡Ay, fuga mojada y cándida,
sobre la arena perlada!
—La carne moría pálida,
entre los rosales granas;
como manzana de plata,
amanecida de escarcha...
Corría, huyendo del agua,
entre los rosales granas.
Y se reía fantástica.
La risa se le mojaba.
Con lilas llenas de agua,
corriendo, la golpeaba...

EL VIAJE DEFINITIVO

...Y yo me iré. Y se quedarán los pájaros
cantando;
y se quedará mi huerto, con su verde árbol,
y con su pozo blanco.

Todas las tardes, el cielo será azul y plácido;
y tocarán, como esta tarde están tocando,
las campanas del campanario.

Se morirán aquellos que me amaron;
y el pueblo se hará nuevo cada año;
y en el rincón aquel de mi huerto florido y
[encalado,
mi espíritu errará, nostáljico...

Y yo me iré; y estaré solo, sin hogar, sin árbol
verde, sin pozo blanco,
sin cielo azul y plácido...
Y se quedarán los pájaros cantando.

Juan Ramón Jiménez

PERFUME Y NOSTALJIA

I

Por el verdor con niebla de la dulzura agreste,
en aquel viejo banco del oculto sendero,
mientras tú te deleitas con una flor celeste,
yo leeré algún libro doliente y verdadero.

Será una soledad sin casas y sin hombres;
y en la brisa fragante del pardo mediodía,
perdida ya la nada de nuestros pobres
                            [nombres,
vivirán, nada más, tu gracia y mi poesía.

La muerte no sabrá de nuestra dulce alma,
no traerá una sombra la arena del camino,
y tus ojos inmensos me ahogarán en su calma,
y mi voz te irá hablando con acento divino.

II

Al fin nos hallaremos. Las temblorosas manos
apretarán, suaves, la dicha conseguida,

por un sendero solo, muy lejos de los vanos
cuidados que ahora inquietan la fe de nuestra
[vida.

Las ramas de los sauces mojados y amarillos
nos rozarán las frentes. En la arena perlada,
verbenas llenas de agua, de cálices sencillos,
ornarán la indolente paz de nuestra pisada.

Mi brazo rodeará tu mimosa cintura,
tú dejarás caer en mi hombro tu cabeza.
¡Y el ideal vendrá, entre la tarde pura,
a envolver nuestro amor en su eterna belleza!

Juan Ramón Jiménez

ISLA

Una soledad tan pura
como el caer de la nieve;
un blancor divino, unánime,
un silencio permanente...

¡Que todos estén muy lejos!
¡Que yo mismo no me acuerde
de mí!... Sólo el ideal,
con su avenida y su fuente.

—La fuente no saltará:
será un éstasis perenne,
cual de un diamante atraído
por el sinfín del poniente;
poniente que no ha de abrir
rojos ni ardientes verjeles,
que será una fantasía
toda en un blanco indeleble—.

¡Que nadie me venga a hablar!
¡Que yo mismo no recuerde!
...Una paz tan suavísima
como el caer de la nieve.

A FILOMENA BLANCA Y RUBIA

como luna con sol

Todas las rosas blancas que ruedan a tus pies
quisiera que mi alma las hubiese brotado.
Quisiera ser un sueño, quisiera ser un lirio,
para mirar de frente tus grandes ojos claros.

Que mi vida tuviese una luz infinita,
joya de los senderos que adornara tu paso
quisiera ser orilla de flores de ribera,
por irte acompañando, por irte embelesando.

El paisaje sin nombre de tus ojos perdidos,
el agua para el sitio último de tus labios
—tierra del mediodía donde tú descansaras—
la paloma inmortal que alcanzaran tus manos.

Juan Ramón Jiménez

VELANDO A CLARA

Qué bella eres, pobre cabeza adolescente,
en la blandura tibia de la dulce almohada!
Qué nobleza la de tu candidez indolente,
la de tu melancólica desidia reclinada!

—Roja, la tarde muere en nubes suntuosas.
Una algarada sorda nos llega de lo lejos.
La mano del ocaso prende rosas y rosas
entre las muselinas y allá por los espejos...

No sé qué placidez nos envuelve en penumbra.
Aunque estamos tan cerca, a qué ilusión nos
                                [vamos!
...Súbita, una luz agria y equívoca se alumbra,
y como en otra estancia, de pronto, nos
                                [hallamos.

Te quejas... ¡Qué ternura la de tu boca
                                [pálida,
donde la fiebre pinta sus falsas primaveras!
Qué suavemente oprime tu fina mano cálida!
¡Cómo me miras desde tus enormes ojeras!

¡Ay, si esa sombra trágica que te inunda no
                              [fuese
más que el nublado vago del cansancio de un
                              [día!
Si, mañana, la aurora ¡Levanta! te dijese,
y te irguieras segura, radiante de alegría!

Sí sí, Señor, Señor, que padeciste tanto;
dá otra vez su luz negra a ese mirar profundo;
levanta esa cabeza que compendia en su
                              [encanto
odas las maravillas inmortales del mundo!

Juan Ramón Jiménez

NI ERES BUENA

Me das pena primero con ser hiel,
luego siendo azucena.
¿Quién podrá hacer ponientes ni
                    [alboradas
con tu inconsciencia?
No es posible olvidarte para siempre,
ni quererte del todo, brisalera,
porque tú no eres mala
...ni eres buena.

A ANTONIO MACHADO

¡Amistad verdadera, claro espejo
en donde la ilusión se mira!
...Parecen esas nubes
más bellas, más tranquilas.
Siento esta tarde, Antonio,
tu corazón entre la brisa.

La tarde huele a gloria.
Apolo inflama fraternales liras,
en un ocaso musical de oro,
como de mariposas encendidas;
liras plenas y puras,
de cuerdas de ascuas líquidas,
que guirnaldas de rosas inmortales
decorarán, un día.

Antonio, ¿sientes esta tarde ardiente
mi corazón entre la brisa?

Juan Ramón Jiménez

QUE GOCE TRISTE

Qué goce triste éste
de hacer todas las cosas como ella las hacía!
Se me torna celeste
la mano, me contagio de otra poesía
Y las rosas de olor,
que pongo como ella las ponía,
exaltan su color;
y los bellos cojines,
que pongo como ella los ponía,
florecen sus jardines;
y si pongo mi mano
—como ella la ponía—
en el negro piano,
surje, como en un piano muy lejano,
más honda la diaria melodía.

—Que goce triste éste
de hacer todas las cosas como ella las hacía!
Me inclino a los cristales del balcón,
con un jesto de ella,
y parece que el pobre corazón
no está solo. Miro

al jardín de la tarde, como ella,
y el suspiro
y la estrella
se funden en romántica armonía.

—¡Qué goce triste éste
de hacer todas las cosas como ella las hacía!—
Dolorido y con flores,
Voy, como un héroe de poesía mía,
por los desiertos corredores
que despertaba ella con su blanco paso,
y mis pies son de raso
—¡Oh ausencia hueca y fría!—
y mis pisadas dejan resplandores.

¡Qué goce triste éste
de hacer todas las cosas como ella las hacía!

LIBROS DE AMOR

1

(Marthe)

Entre una nauseabunda fragancia de mimosas
amarillas, caída la tarde —sueño y perla—,
tú te mecías, indolentemente, blanca y
blanca, bajo las blancas muselinas de seda.

El ocaso incoloro —pequeñito y lejano—
se copiaba en tus ojos de agua, como violetas
claras tu rubia cabellera de trenzas.

Un pajarillo negro saltaba en los saúcos;
la gran luna redonda, cual una japonesa,
encendía en su polen de oros opalinos
tiernos ramajes que enfloró la primavera.

2

(Marthe)

Te acuerdas, Marthe? El oro verde de tu
                              [cabello
se te entraba en los ojos irisado y romántico,
a la gran sombra dulce del sombrero de arroz,
que rusía en el sol su lazo colorado.

La sangre levantaba tu mejilla pecosa,
y en el fondo con pintas de tus ojos fantásticos,
se copiaba chiquito el jardín de tu padre,
con su rincón de exóticos pájaros enjaulados.

Un momento dejabas de ser niña. Tu cuerpo
traslucía otra alma con el sol, momentáneo,
mientras abril, más lento, que venía a tu vida,
daba a tu carne, cada día, un nuevo encanto.

3

(Marthe)

En la tarde de lluvia, primaveral y sola,
que ponía las rosas pesadas con sus perlas,
entre la risa familiar en la terraza,
te burlabas de mí, fantástica y perversa.

Andabas como yo, te empinabas lo mismo
que yo diciendo versos... Tu gracia francesa
                                    [era
de un encanto tan grande que yo me
                                    desdeñaba
también, perdido, absorto en tu farsa traviesa.

De vez en cuando, en un jesto rápido y único,
que me tornaba náufrago de tu hermosura
                                    [tierna
tras una agudizada sonrisa, me quitabas
todo lo hecho con una mirada seria...

—Del otro parque, en la suntuosidad lila
del crepúsculo igual, una voz limpia y llena
colmaba de su plata apasionada todo
el jardín silencioso, fino de hojitas nuevas.

Y los trajes lijeros, hijos del paisaje
mate, daban a la hora un contajio de eterna
fugacidad sin nombre, que después volvería
a la nostaljia, como una belleza en pena.

Oh cosas que pasaron; que no hicieron camino
por nuestro corazón! ¿Qué mudez verdadera,
qué mirar de verdad, y a quién, Marthe, darás
esta tarde española de primavera fresca?

4

(*Dénise*)

Al apartarme con tus manos, me atraías,
y luego te quedabas quieta, con una honda
aureola de sangre en tus ojos azules,
serenos, como dos turquesas, en la forma.

¿Dónde encontrabas aquel fuego grande y
                                                            [débil,
aquel porvenir tuyo? Tu boca fina y rosa,
lo mismo que una herida se ponía hecha
                                                            [ascua,
apenas le quitaban su fuego con mi boca.
Con guirnaldas de flores te ataba, y no te ibas.
Tu esfuerzo era tan falso, que aquella
                                                        [mariposa
que voló sobre ti, hubiese, combatiendo,
sus alas con tus brazos, sido la vencedora.

5
(Jeanne)

¿Te acuerdas? Fue en el cuarto de los niños—
                                    [La tarde
de estío alzaba, limpia, por entre la arboleda
suavemente mecida, últimas glorias puras,
tristes en el cristal de la ventana abierta.

El maniquí de mimbre y las telas cortadas
eran los confidentes de mil cosas secretas,
una majia ideal de deshojadas rosas
que el amor renovaba con audacia perversa...

Oh, qué encanto de ojos, de besos, de rubores;
qué desarreglo rápido, qué confianza ciega,
mientras, en la suave soledad, desde el suelo,
miraban asustadas, nuestro amor las muñecas!

Nostaljia

En la frescura de la tarde melancólica
quiero cantar, y no sé qué. Todo estoy lleno
de ritmos perfumados, de letras sin idioma,
que no sé cómo, hablan de ti, que estás tan
                                    [lejos.

Oh, yo no sé! Un aroma de sueños en flor,
                             [entra,
en la brisa de agua, al corazón abierto:
notas de flores músicas, oídas ¿cuándo,
                             [cuándo?
tornan, no sé de dónde, en un compás eterno.

Quiero cantar, y no sé qué. No es de palabras
esta explosión aguda que en el corazón siento;
son aromas que suenan bien, llantos que
                             [huelen
bien, son mágicos ojos que se expresan con
                             [ecos...

7

Luz

Entre la sombra verde y azul, que hace más
                             [grande
el jardín, blanca, blanca, blanca, la dulce rosa
perdura tristemente, como la mano blanca,
como la frente blanca de una primera novia.

Y en la frescura del momento, una amargura
romántica, anhelante y casta, me acongoja.
El sollozo del agua me obliga a sollozar.
Al llanto de la estrella, mi vida llora, llora.

Juan Ramón Jiménez

Amor blanco —¿qué amor?— que fuiste cual
[la luna
de mi juventud pálida, toda llena de historias;
no sé quién eras tú, pero sé bien que eres
como una rosa blanca que perdura en la
[sombra!

8

Clavel

Cierro los ojos, y hundo toda mi vida cálida
en el clavel rosado, embriagador y fresco;
y, en un vano delirio de anhelos y de esencias,
me parece, mujer, que es que te estoy oliendo.

Por las hojas, rizadas como bucles de carne,
yerran dolientemente yo no sé qué misterios
de sabor que me diste, de color que te ví,
sabor de amor en llama, color de crudo fuego.

¡Sí, toda tú retornas a la estancia callada,
y, desnuda, infinita, te acercas un momento;
yo, cerrados los ojos, salida el alma toda,
como llegando al cielo último, huelo, huelo,
[huelo!...

Después el olor ya no huele más, se aspira
el revés del olor, hecho ya yermo aquello,

...y es como un marchitarse de pétalos
                              [brumosos,
cuando, tras el clavel, te vas desvaneciendo...

Y 9

Otoño

Manchas suaves, —cobrizas, amarillentas,
                              [malvas—
de los arbustos mustios entre los rojos árboles;
humo, sedas de niebla azul, cielo entreabierto,
donde, entre nubes blandas, surjen fríos
                              [cristales.

Aire agudo que llega al fondo de la vida,
de donde se levantan, sin que lo sepa nadie,
recuerdos melodiosos de historias de otro
                              [tiempo,
que todavía huelen, dolientemente, a carne...

Y, sólo en su nostaljia, el pensamiento se
                              [hunde
en abismos fantásticos, inmensos e inefables,
de los que no quisiera que lo sacaran nunca,
...prisiones que parecen rejadas de rosales!

Juan Ramón Jiménez

LA COJITA

La niña sonríe: ¡Espera,
voy a cojer la muleta!

Sol y rosas. La arboleda
movida y fresca, dardea
limpias luces verdes. Gresca
de pájaros, brisas nuevas.
La niña sonríe: ¡Espera,
voy a cojer la muleta!

Un cielo de ensueño y seda,
hasta el corazón se entra.
Los niños, de blanco, juegan,
chillan, sudan, llegan:

...menaaa!
La niña sonríe: ¡Espeeera,
voy a cojer la muleta!

Saltan sus ojos. Le cuelga
jirando, falsa, la pierna.
Le duele el hombro. Jadea

contra los chopos. Se sienta.
Ríe y llora y ríe. ¡Espera,
voy a cojer la muleta!

¡Mas los pájaros no esperan;
los niños no esperan! Yerra
la primavera. Es la fiesta
del que corre y del que vuela...
La niña sonríe: Espera,
voy a cojer la muleta!

Juan Ramón Jiménez

AMOR DE PRIMAVERA

Dichoso el que en el yermo de su vida te
                                  [encuentre
frente a frente, burlandote de él con tu risa
                                  [loca:
quien sorprenda la chispa de tu cariño, entre
la saña de tus ojos y el desdén de tu boca!

¿Cómo, si eres tan débil que pareces de llanto,
das la fuerza riendo, y matas la presura?
¡Creo, a veces, que vas a morirte de encanto;
pero, igual que una espada, surjes de tu
                                    [ternura!

¡Frajilidad alegre, aurora de la pena,
que, cual la sombra, ablandas el obstinado
                                  [ceño;
roja como una rosa detrás de una azucena,
pura como la vida tras un cristal de ensueño!

AMANECER

Te quitaste, riendo,
lo mismo que una reina loca,
tu corona de sueños,
y la echaste, radiando, al sol alegre;
¡y te abrazaste a mí toda desnuda,
sólo con tus cabellos negros, blanca!

Juan Ramón Jiménez

SONETOS ESPIRITUALES

Primavera

Abril, sin tu asistencia clara, fuera
invierno de caídos esplendores;
mas aunque abril no te abra a ti sus flores,
tú siempre exaltarás la primavera.

Eres la primavera verdadera;
rosa de los caminos interiores,
brisa de los secretos corredores,
lumbre de la recóndita ladera.

¡Qué paz, cuando en la tarde misteriosa,
abrazados los dos, sea tu risa
el surtidor de nuestra sola fuente!

Mi corazón recojerá tu rosa,
sobre mis ojos se echará tu brisa,
tu luz se dormirá sobre mi frente...

Nada

A tu abandono opongo la elevada
torre de mi divino pensamiento.
Subido a ella, el corazón sangriento
verá la mar, por él empurpurada.

Fabricaré en mi sombra la alborada,
mi lira guardaré del vano viento,
buscaré en mis entrañas mi sustento...
Mas ¡ay!, ¿y si esta paz no fuera nada?

¡Nada, sí, nada, nada!... —O que cayera
mi corazón al agua, y de este modo
fuese el mundo un castillo hueco y frío...—

Que tú eres tú, la humana primavera,
la tierra, el aire, el agua, el fuego, ¡todo!,
...¡y soy yo sólo el pensamiento mío!

Retorno Fugaz

¿Cómo era, Dios mío, cómo era?
—¡Oh corazón falaz, mente indecisa!—
¿Era como el pasaje de la brisa?
¿Como la huída de la primavera?

Juan Ramón Jiménez

Tan leve, tan voluble, tan lijera
cual estival vilano... ¡Sí! Imprecisa
como sonrisa que se pierde en risa...
¡Vana en el aire, igual que una bandera!

¡Bandera, sonreír, vilano, alada
primavera de junio, brisa pura...
¡Qué loco fue tu carnaval, qué triste!

Todo tu cambiar trocóse en nada
—¡memoria, ciega abeja de amargura!—
¡No sé cómo eras, yo que sé que fuiste!

Octubre

Estaba echado yo en la tierra, enfrente
del infinito campo de Castilla,
que el otoño envolvía en la amarilla
dulzura de su claro sol poniente.

Lento, el arado, paralelamente
abría el haza oscura, y la sencilla
mano abierta dejaba la semilla
en su entraña partida honradamente.

Pensé arrancarme el corazón y echarlo,
pleno de su sentir alto y profundo,
al ancho surco del terruño tierno:

a ver si con partirlo y con sembrarlo,
la primavera le mostraba al mundo
el árbol puro del amor eterno.

A la poesía

Arbol joven y eterno,
castillo de belleza.

Sí; en tu cerca ruín, que desordena
ya abril con su pasión verdecedora,
al sol más libre, ¡oh árbol preso!, dora
tu cúpula broncínea, blanda y plena.

Por ti es fuerte tu cárcel; por ti amena
su soledad inerme. Inmensa aurora
es tu sombra interior, fresca y sonora
en el yermo sin voz que te encadena.

Ave y viento, doble ala y armonía,
vendrán a tu prisión, sin otro anhelo
que el de la libertad y la hermosura.

Espera, ¡oh árbol solo —oh alma mía!...
seguro en ti e incorporado al cielo
firme en la excelsitud de tu amargura.

Juan Ramón Jiménez

Sueño

Imajen alta y tierna del consuelo,
aurora de mis mares de tristeza,
lis de paz con olores de pureza,
¡premio divino de mi largo duelo!

Igual que el tallo de la flor del cielo,
tu alteza se perdía en su belleza...
Cuando hacia mí volviste la cabeza,
creí que me elevaban de este suelo.

Ahora en el alba casta de tus brazos,
acojido a tu pecho transparente,
¡cuán claras a mí tornan mis prisiones!

¡Cómo mi corazón hecho pedazos
agradece el dolor, al beso ardiente
con que tú, sonriendo, lo compones!

A mi alma

Siempre tienes la rama preparada
para la rosa justa; andas alerta
siempre, el oído cálido en la puerta
de tu cuerpo, a la flecha inesperada.

Una onda no pasa de la nada,
que no se lleve de tu sombra abierta
la luz mejor. De noche, estás despierta
en tu estrella, a la vida desvelada.

Signo indeleble pones en las cosas.
Luego, tornada gloria de las cumbres,
revivirás en todo lo que sellas.

Tu rosa será norma de las rosas;
tu oír, de la armonía; de las lumbres
tu pensar; tu velar, de las estrellas.

MI CUERPO

Vivo olvidada
de mi cuerpo.
Cuando miro la aurora,
confusamente lo recuerdo bello,
pero cual si estuviera
fuera de mí, y muy lejos.

Mas cuando tú me cojes,
me lo siento
todo,
duro, suave, dibujado, lleno,
y gozo de él en ti y en mí,
contigo, descubierto, en su secreto.

Juan Ramón Jiménez

OLOR DE JAZMIN

¡Qué tristeza de olor de jazmín! El verano
torna a encender las calles y a oscurecer las
[casas,
y, en las noches, regueros descendidos de
[estrellas
pesan sobre los ojos cargados de nostaljia.

En los balcones, a las altas horas, siguen
blancas mujeres mudas, que parecen fantasmas;
el río manda, a veces, una cansada brisa,
el acaso, una música imposible y romántica.

La penumbra reluce de suspiros; el mundo
se viene, en un olvido mágico, a flor de alma;
y se cojen libélulas con las manos caídas,
y, entre constelaciones, la alta luna se
[estanca.

¡Qué tristeza de olor de jazmín! Los pianos
están abiertos; hay en todas partes miradas
calientes... Por el fondo de cada sombra azul
se esfuma una visión apasionada y lánguida.

CARTA A GEORGINA HUBNER

En el cielo de Lima

El cónsul del Perú me lo dice:
"Georgina Hubner ha muerto"...

¡Has muerto! ¿Por qué? ¿Qué día?
¡Cual oro, al despedirse de mi vida, un ocaso
iba a rozar la maravilla de tus manos
cruzadas, dulcemente, sobre el parado pecho,
como dos lirios malvas de amor y sentimiento!

Ya tu espalda ha sentido el ataúd blanco,
tus muslos están ya para siempre cerrados,
en el tétrico verdor de tu reciente fosa
el sol poniente inflamará los chuparrosas...
¡Ya está más fría y más solitaria La Punta
que cuando tú la viste, huyendo de la tumba,
aquellas tardes en que tu ilusión me dijo:
"¡Cuánto he pensado en usted, amigo mío!"...

¿Y yo, Georgina, en ti? Yo no sé cómo eras
¿morena?, ¿casta?, ¿triste? Sólo sé que mi pena
parece una mujer, cual tú, que está sentada,
llorando, sollozando al lado de mi alma

Juan Ramón Jiménez

Sé que mi pena tiene aquella letra suave,
que venía, en un vuelo, a través de los mares,
para llamarme "amigo" o algo más... no sé...
　　　　　　　　　　　　　　　　　　[algo
que sentía tu corazón de veinte años.
Me escribiste: "Mi primo me trajo ayer su
　　　　　　　　　　　　　　　　[libro"...
—¿te acuerdas?— y yo, pálido: "Pero... usted
　　　　　　　　　　　　　　　[tiene un primo".

Quise entrar en tu vida y ofrecerte mi mano
noble cual una llama, Georgina... En cuantos
　　　　　　　　　　　　　　　　　[barcos
salían, fue mi loco corazón en tu busca...;
yo creía encontrarte pensativa; en La Punta,
con un libro en la mano, como tú me decías,
soñando, entre lás flores, encantarme la vida!

Ahora, el barco en que iré, una tarde, a
　　　　　　　　　　　　　　　　[buscarte,
no saldrá de este puerto, ni surcará los mares,
irá por lo infinito, con la proa hacia arriba,
buscando, con un ánjel, una celeste isla...
¡Oh, Georgina, Georgina!, ¡qué cosas!...; mis
　　　　　　　　　　　　　　　　　[libros
los tendrás en el cielo, y le habrás leído
a Dios algunos versos...; tú hollarás el
　　　　　　　　　　　　　　　　[poniente

en que mis pensamientos dramáticos se
                              [mueven...;
desde ahí, tú sabrás que esto no vale nada,
que, salvando el amor, lo demás son palabras...

¡El amor! ¡El amor! ¿Tú sentiste en tus
                                   [noches
el encanto lejano de mis ardientes voces,
cuando yo, en las estrellas, en la sombra, en
                                   [la brisa,
sollozando, hacia el sur, te llamaba: Georgina?
Una onda, quizás, del aire, que llevaba
el perfume inefable de mis vagas nostaljias,
¿pasó junto a tu oído? ¿Tú supiste de mí
los sueños de la estancia, los besos del jardín?

¡Cómo se rompe lo mejor de nuestra vida!
Vivimos... ¿para qué?, para mirar los días
de fúnebre color, sin cielo en los remansos...
para tener la frente caída entre las manos,
para llorar, para anhelar lo que está lejos,
para no pasar nunca el umbral del ensueño.
¡Ah, Georgina, Georgina! Para que tú te
                                   [mueras
una tarde, una noche... y sin que yo lo sepa!

El cónsul del Perú me lo dice:
"Georgina Hubner ha muerto..."

Juan Ramón Jiménez

Has muerto. Están, sin alma, en Lima,
abriendo las rosas blancas debajo de la tierra...
Y si en ninguna parte nuestros brazos se
                              [encuentran,
¿qué niño idiota, hijo del odio y del dolor,
hizo el mundo, jugando con pompas de jabón?

ROSA INTIMA

Todas las rosas son la misma rosa,
amor, la única rosa.
Y todo queda contenido en ella,
breve imajen del mundo,
¡amor!, la única rosa.

Rosa, la rosa... (Pero aquella rosa...)
La primavera vuelve
con la rosa
grana, rosa, amarilla, blanca, grana;
y todos se embriagan con la rosa,
la rosa igual a la otro rosa.
¿Igual es una rosa que otra rosa?
¿Todas las rosas son la misma rosa?
Sí. (Pero aquella rosa...).

La rosa que se aísla en una mano,
que se huele hasta el fondo de ella y uno,
la rosa para el seno del amor,
para la boca del amor y el alma,
(...Y para el alma era aquella rosa

que se escondía, dulce entre las rosas,
y que una tarde ya no se vio más.
¿De qué amarillo aquella fresca rosa?).

•

Todo, de rosa en rosa, loco vive,
la luz, el ala, el aire,
la onda y la mujer,
y el hombre, y la mujer y el hombre.
La rosa pende, bella
y delicada, para todos,
su cuerpo sin penumbra y sin secreto,
a un tiempo lleno y suave,
íntimo y evidente, ardiente y dulce.
Esta rosa, esa rosa, la otra rosa...
Sí. (Pero aquella rosa...).

EL CORAZON

De pronto, un raro vacío,
una inquietud, sin razón...
—¡El corazón!—
              Y al ponerme
la mano sobre el dolor,
vacilo, y no sé, ¡y no sé
dónde tengo el corazón!

¡El corazón! Todo el mundo
en él, sin dolor, pesó
un día. O se me iba al cielo
sin salir de su prisión.

¡Ni me pesa, ni está arriba,
ni lo tengo ya! ¡Ya no
contaré con sus tesoros
en mi olvido! Sí, ya no
sé dónde están —¡días claros!—
belleza, amor, gloria y Dios

De pronto, un raro vacío,
una inquietud sin razón...

Juan Ramón Jiménez

AL VIENTO

¡Corcel de cristal y oro,
que enredas el caracol
de tu galope de luz,
sin hollarla, por la flor!

¡Ladrón que nada te llevas,
fresco y caliente de sol
y agua, tan mío que
te cojo forma y color!

¡Cojín del señor mudable,
escultor de la ilusión,
perenne mirto invisible
del trastorno del amor!

JARDIN

Jamás el que te ame
te amará a ti, mujer, amará a otra;
tú eres solamente
para mí.

No, celosa,
mi alma sollozará, cuando otro cuerpo
tuyo se enrede por las secas rosas
de cualquier otro amor, anhelo vano
de aprisionar tu verdadera forma.

Morirás cuando creas
que amas otra vez. Por tu memoria,
sepultada en la tierra de tu carne,
pasarán, como estrellas, estas horas
únicas en que fuiste
tú creada por mi alma absorta.

Juan Ramón Jiménez

PIEDRA Y CIELO

EL LIBRO

¡No le toques ya más,
que así es la rosa!

El Libro

¡Libro, afán
de estar en todas partes,
en soledad!

La Forma de su Huída

Mariposa de luz,
la belleza se va cuando yo llego
a su rosa.
Corro, ciego, tras ella...
La medio cojo aquí y allá...
¡Sólo queda en mi mano
la forma de su huída!

Tres Grandes de la Poesía Española Contemporánea

¿Como Era?

¿Era su voz la fuga del arroyo,
que se oía correr en el poniente rápido;
o la luz del ocaso moribundo,
que corría en el agua que se iba?

Juan Ramón Jiménez

LA VOZ VELADA

El alma de las flores divaga entre la lluvia.
¡Oh, flores amarillas de los tejados, flores
que embalsamáis de un dulce perfume
                           [penetrante
y nauseabundo el tedio de mi vida sin orden.
Olor como una voz virjen que lastimara,
idilio sin sentido, leyenda de colores
tristes, con casas pobres en bosques solitarios,
con grandes ojos bellos, celestes y precoces...
¡Qué olor y qué dolor de flores amarillas,
que tienen el encanto de las cosas de entonces!
...Y duele el corazón nostáljico, lo mismo
que si lo traspasaran las amarillas flores...

ESPERANZA

Saco mi esperanza, igual
que una deslumbrante joya,
de mi corazón —su caja—,
la paseo entre las rosas,
la mimo, como a una hija,
una hermana o una novia,
la miro infinitamente,
...y la guardo, otra vez, sola.

CEMENTERIO

¿Triste?

Sí; soy un cementerio nuevo,
que ha estrenado, esta tarde,
una mujer que ha muerto.

Juan Ramón Jiménez

SEPTIEMBRE

Sueño

Apriétate aquí a mi alma.
Va a cambiar la estación,
y a un espectáculo nuevo
corresponde un nuevo amor.

No mires más que a mi vida,
al único y grande sol;
aprende a ser primavera
eterna en mi corazón!

JARDIN

Madrugada

No me importa que ames
o que te amen, pues lo que yo adoro
en ti tú no lo sabes, alma,
ni lo saben los otros.

Jamás te has visto, nunca
te verán, cual mis ojos
te vieron y te ven —como mi vida

encarnada en el pálido tesoro
de tu cuerpo invisible
pues que es la carne de mi alma.
                        Solo
me quedaré cuando te vayas,
o te lleven los otros,
de la verdad inalterable y pura
que a tu vivir le puedo dar yo solo.

E P I T A F I O

De mi, vivo

Morí en el sueño.
Resucité en la vida.

H O R A S

Horas, ruinas doradas,
de mi ayer!
          Vengo dulce,
a sentarme en vosotras,
frente al mar, sobre el valle, bajo el cielo
de mis memorias.

La yerba, parecida
a la otra, porque el sol la transparenta,
me hace llorar, y el llanto
me inunda el porvenir
y me ahoga en las penas que murieron.

Y es un ahogarme suave,
que me trae hacia sí, con la ternura
con que atraen las cosas
que dejamos pasar sin ir con ellas,
bajo el cielo, en el valle, por los mares...

TE CONOCI

Te conocí porque al mirar la huella
de tu pié en el sendero,
me dolió el corazón que me pisaste.
Corrí loco; busqué por todo el día,
como un perro sin amo.
...¡Te habías ido ya! Y tu pié pisaba
mi corazón, en un huir sin término.
cual si él fuera el camino
que te llevaba para siempre...

ENREDADERAS

Eres como la flor
de la rama más alta
del cielo.
Tu olor viene
—¡qué bueno!— de tan lejos
como te traigo yo,
por la rama más honda
de la tierra, mi beso.

ORO OCULTO

Mi pena con tu compasión
me parece una acacia
amarilla con luna.

PETENERA DE MARZO

Rayito de sol de miel,
que das donde ayer no dabas.
¡Bálsamo fugaz y último,
que entras por el muro norte
de la cárcel de mi alma!

ESTASIS

¡Hoja verde
con sol rico,
carne mía
con mi espíritu!

LA AUSENTE

Cierra, cierra la puerta,
como a ella le gustaba...
¡Que se encuentre a su gusto
su recuerdo!

LA NOCHE

El dormir es como un puente
que va del hoy al mañana
Por debajo, como un sueño,
pasa el agua, pasa el alma.

BLANCOR

Olor de nardo,
mujer desnuda
por los oscuros corredores.

DESIERTO Y MAR

El horizonte es tu cuerpo.
El horizonte es mi alma.
Llego a tu fin: más arena.
Llegas a mi fin: más agua.

LA SOLA

Ante mí estás, sí.
Mas me olvido de ti,
pensando en ti.

OTRO SILENCIO

De noche, el oro
es plata.
Plata muda el silencio
de oro de mi alma.

EL AIRE

Está el cielo tan bello,
que parece la tierra.
(Dan ganas de volver
los piés y la cabeza).

TAL VEZ

Tú, lo grande, anda, descansa
en honor de lo pequeño;
que su mundo está en su hora
y tu hora es el universo.

ZINC

¡Qué hueco tan robado
el de este vano cielo
que nada al alma pone,
ni nada quita al cuerpo.

LA FUSION

Al amanecer,
el mundo me besa
en tu boca, mujer.

LA NOSTALJIA GRANDE

Hojita verde con sol,
tú sintetizas mi afán;
afán de gozarlo todo,
de hacerme en todo inmortal.

VOZ MIA

Voz mía, canta, canta;
que mientras haya algo
que no hayas dicho tú,
tú nada has dicho.

S U R

¡Nostaljia aguda, infinita...
terrible de lo que tengo!

T U

Pasan todas, verdes, granas...
Tú estás allá arriba, blanca.

Todas, bullangueras, agrias...
Tú estás allá arriba, plácida.

Pasan arteras, livianas...
Tú estás allá arriba, casta.

DE ELLA

Viene a mí que estoy triste.
Mas estoy triste de ella.
Y le sonrío, alegre,
para poder seguir
solo con su tristeza.

Juan Ramón Jiménez

DESNUDA

¡Qué confiada duermes
ante mi vela, ausente
de mi alma, en tu débil
hermosura, y presente
a mi cuerpo sin redes,
que el instinto revuelve!
—Te entregas cual la muerte—.
¡Tierna azucena eres,
a tu campo celeste
trasplantada, y alegre,
por el sueño solemne,
que te hace, impotente,
tendida espada fuerte!

Juan Ramón Jiménez

LAS COSAS

¡Inteligencia, dame
el nombre exacto de las cosas!
...Que mi palabra sea
la cosa misma,
creada por mi alma nuevamente.
Que por mí vayan todos
los que no las conocen, a las cosas;
que por mí vayan todos
los que ya las olvidan, a las cosas;
que por mí vayan todos
los mismos que las aman, a las cosas..
¡Intelijencia, dame
el nombre exacto, y tuyo,
y suyo, y mío, de las cosas!

POESIA DESNUDA

Vino, primero pura,
vestida de inocencia;
y la amé como un niño.

Luego se fué vistiendo
de no sé qué ropajes;
y la fuí odiando, sin saberlo.

Llegó a ser una reina,
fastuosa de tesoros...
¡Qué iracunda de hiel y sin sentido!

...Mas se fue desnudando.
Y yo le sonreía.
Se quedó con la túnica
de su inocencia antigua.
Creí de nuevo en ella.

Y se quitó la túnica,
y apareció desnuda toda...
¡Oh pasión de mi vida, poesía
desnuda, mía para siempre!

NUESTROS LLANTOS

Bebimos en la sombra,
nuestros llantos
confundidos...

Yo no supe cuál era
el tuyo.
¿Supiste tú cuál era el mío?

PARA QUERERTE

Para quererte, al destino
le he puesto mi corazón.
¡Ya no podrás libertarte
—¡ya no podré libertarme!—
de lo fatal de este amor!

No lo pienso, no lo sientes;
yo y tú somos ya tú y yo,
como el mar y como el cielo
cielo y mar, sin querer, son.

ÍNDICE

Romance de la luna, luna	11
Preciosa y el aire	13
Reyerta	16
Romance sonámbulo	18
La Monja gitana	22
La casada infiel	24
Romance de la pena negra	27
San Miguel	29
San Rafael	32
San Gabriel	35
Prendimiento de Antoñito el Camborio en el camino de Sevilla	37
Muerte de Antoñito el Camborio	40
Muerto de amor	43
Romance del Emplazado	46
Romance de la Guardia Civil Española	49
Sorpresa	55
Malagueña	56
Llanto por Ignacio Sánchez Mejía	57
La sangre derramada	60
Cuerpo presente	64
Alma Ausente	67
Diván del Tamarit	69
Casidas	75
Luna y panorama de los insectos	87
Soledad	89
En la muerte de José Ciria y Escalante	92
El poeta pierde a su amor que le escribe	93
Soneto	94
Soneto	95
Soneto	96
Epitafio a Isaac Albéniz	97
A Carmela, la peruana	98
A Mercedes en su vuelo	99
Canción de Cuna a Mercedes, muerta	100

Oración por Antonio Machado	109
Introducción	110
Amada, el aura dice	112
Retrato	113
Desde el umbral de un sueño	115
El viajero	116
Tarde tranquila, casi	117
Inventario galante	118
El limonero lánguido suspende	120
Horizonte	121
Yo voy soñando caminos	122
Cante Hondo	124
Orillas del Duero	125
Elegía de un madrigal	126
Dicen	127
Soledades	128
La primavera besaba	130
Preludio	131
La plaza y los naranjos encendidos	132
Soñé que tú me llevabas	133
Fue una tarde clara	134
Anoche cuando dormía	137
Tal vez la mano, en sueños	139
Abril florecía	140
¡Verdes Jardinillos!	143
Al borde del sendero	144
Campos de Soria	145
Allá en las tierras altas	152
Era una mañana y abril sonreía	153
Coplas Elegíacas	155
Acaso	157
Los ojos	158
Las encinas	159
Llamó a mi corazón, un claro día	165
Y podrás conocerte	165
A don Francisco Giner de los Ríos	166

Primaveral	168
Sonetos	169
Una noche de verano	173
Campo	174
A Juan Ramón Jiménez	175
A la muerte de Rubén Darío	177
Mis poetas	178
Profesión de fe	179
Sonetos	180
El poeta recuerda las tierras de Soria	181
Amanecer en Valencia	182
La muerte del niño herido	183
Sueño	187
A don Miguel de Unamuno	188
Azorín	190
Ramón Pérez de Ayala	191
A don Ramón del Valle Inclán	192
Pío Baroja	193
Por tierras de España	197
(Pascua de Resurrección)	199
Consejo, coplas, apuntes	194
A Juan Ramón Jiménez	211
Alba	212
Azucena y Sol	212
Blanco y violeta	213
Parque Viejo	214
Recuerdos	216
Adolescencia	218
¿A dónde?	219
Río de cristal	220
Mi alma es hermana del cielo	222
La hermana amante	224
Pastoral	225
Los troncos muertos	226
Los caminos de la tarde	228
Crepúsculo	229
Mañana de la luz	230

No vas a saber decírmelo	232
El Pueblo	233
Elegías	235
Con música y con aroma	238
Desnudos	239
Primavera amarilla	240
Ruinas	241
Francina en el jardín	242
El viaje definitivo	243
Perfume y nostalgia	245
Isla	246
A Filomena blanca y rubia	247
Velando a Clara	248
No eres buena	251
A Antonio Machado	251
Que goce triste	252
Libros de amor	254
La cojita	262
Amor de primavera	264
Amanecer	265
Sonetos espirituales	266
Mi cuerpo	271
Olor de Jazmín	272
Carta a Georgina Hubner	273
Rosa íntima	277
El corazón	279
Al viento	280
Jardín	281
Piadra y cielo	282
La voz velada	284
Esperanza	285
Cementerio	285
Septiembre	286
Jardín	286
Epitafio	287
Horas	287
Te conocí	288

Enredaderas	288
Oro oculto	289
Éxtasis	289
La ausente	289
La noche	290
Blancor	290
Desierto y mar	291
La sola	291
Otro silencio	291
El aire	292
Tal vez	292
Zinc	292
La fusión	293
La nostalgia grande	293
Voz mía	293
Sur	293
Tú	294
De ella	294
Desnuda	295
Las cosas	296
Poesía desnuda	297
Nuestros llantos	298
Para quererte	298

EDICION 2,000 EJEMPLARES
AGOSTO 1998
LITOGRAFICA M. G.
FRAY PEDRO DE GANTE MZ. 12 LT. 122
COL. SECCION XVI TLALPAN
MEXICO D. F. 14080